MANUEL

DES

CONSEILS DE PRUD'HOMMES.

Imprimerie de Cosse et J. Dumaine,
rue Christine, 2.

MANUEL

DES

CONSEILS DE PRUD'HOMMES

Contenant

LES LOIS, DÉCRETS, ORDONNANCES, RÈGLEMENTS ET ARRÊTÉS RELATIFS
A L'INSTITUTION DES CONSEILS DE PRUD'HOMMES, AUX MANU-
FACTURES, FABRIQUES ET ATELIERS, AUX LIVRETS DES
OUVRIERS, AUX MARQUES ET DESSINS DE FABRI-
QUES, AUX CONTREFAÇONS DES DRAPS,
DES SAVONS, MARQUES DE QUIN-
CAILLERIE, COUTEL-
LERIE, ETC.;

RÉUNIS ET ANNOTÉS

Par C. BINOT DE VILLIERS,

Avocat à la Cour royale de Paris.

PARIS,

IMPRIMERIE ET LIBRAIRIE GÉNÉRALE DE JURISPRUDENCE

DE COSSE ET N. DELAMOTTE,

Directeurs des Journaux du Droit criminel, des Avoués, des Huissiers, etc.

PLACE DAUPHINE, 26 ET 27.

1845.

J'offre ce recueil aux conseils de prud'hommes, ainsi qu'aux fabricants et aux ouvriers qui désirent connaître leurs droits et leurs devoirs réciproques.

Les documents législatifs qui régissent jusqu'à présent l'institution des prud'hommes, ou qui concernent les manufactures et les fabriques, ont été promulgués à mesure que le besoin s'en est fait sentir, et ils se trouvent ainsi placés sans ordre parmi nos lois contemporaines. Obligés d'étudier ces documents pour en faire une application intelligente, les prud'hommes devaient perdre un temps considérable, non-seulement à les découvrir, mais encore à les coordonner. — Ce travail nous l'avons fait : dans le but de simplifier les difficultés que doit présenter une matière spéciale et neuve, nous l'avons divisé en deux parties.

Dans la première, intitulée *Législation des Conseils de Prud'hommes*, nous avons réuni les lois, décrets et ordonnances qui forment aujourd'hui le seul Code sur la matière.

Dans la seconde, nous avons rassemblé sous ce titre : *Législation des Manufactures, Fabriques et Ateliers*, les lois qui, réglant les droits de l'industrie, ont un rapport plus ou moins direct avec l'institution des prud'hommes.

Puis, dans des annotations placées au-dessous des textes, nous avons essayé de mettre la doctrine spéciale de ces deux législations en rapport avec les principes généraux du Code civil; nous avons mentionné avec soin la jurisprudence jusqu'ici connue des Cours royales et de la Cour de cassation.—Mais c'est surtout en établissant une concordance entre les articles des deux textes, que nous avons cru épargner aux prud'hommes des recherches que les occupations de l'audience ne leur auraient pas toujours permis de faire par eux-mêmes.

Enfin, nous avons placé dans un *Appendice* quelques documents qui ne sont pas sans intérêt, notamment les exposés des motifs des lois dont il vient d'être parlé, exposés qu'il est utile de consulter pour donner à certains passages des textes l'interprétation qui leur appartient.

Qu'il nous soit maintenant permis de renouveler ici le vœu exprimé déjà avec une si louable persévérance par l'habile rédacteur du *Moniteur des Conseils de Prud'hommes*. On s'est appliqué à regarder comme si étrange la création de conseils de prud'hommes à Paris qu'une seule industrie a eu le privilége d'avoir le sien à titre d'essai. Une telle restriction si elle devait se prolonger serait injuste ; les industries n'ont plus de priviléges, toutes doivent profiter des mêmes avantages. Espérons donc que la création de nouveaux conseils, en même temps qu'elle rétablira entre elles une juste égalité fera disparaître ces associations connues sous le nom de *Chambres*, constituées par des industries spéciales, et qui ne tendraient à rien moins, qu'à rétablir en quelque sorte les anciennes corporations.

INTRODUCTION.

On s'étonne avec raison que les conseils de prud'hommes, dont la création en France remonte à 1806, n'aient obtenu droit de cité à Paris qu'à la fin seulement de l'année 1844. — Si l'on cherche la cause d'une aussi longue exclusion, on la trouve dans des répugnances, des hésitations que l'expérience n'a point justifiées, et qui, en définitive ont privé la capitale d'une juridiction d'autant plus désirée, que la masse ouvrière qu'elle contient est plus importante pour le nombre comme pour l'intelligence.

Dans les premières années de la Restauration, le gouvernement, cédant aux sollicitations de notables fabricants, chargea une commission de l'éclairer sur l'utilité de l'établissement des prud'hommes à Paris. Depuis cette époque, dix autres commissions se succédèrent, toutes demeurèrent sans résultat (1). Il semblait que chaque fois que

(1) Une des dernières commissions, celle dont le travail aurait dû amener une solution immédiate, était composée de MM. Vincens, conseiller d'Etat, président; Boudet, secrétaire général au ministère de la justice, conseiller d'état; Boulay de la Meurthe, conseiller d'état; Renouard, conseiller à la Cour de cassation; Aubé et Griolet, membres du conseil général des manufactures; Mollot, avocat à la Cour royale; Delambre, chef de bureau au ministère du commerce, secrétaire de la commission.

la question était agitée, de nouvelles difficultés, qui surgissaient comme à plaisir, dussent en retarder sans cesse la solution. Enfin, les réclamations énergiques d'industriels consciencieux et intelligents, les efforts de M. Mollot, membre du conseil de l'ordre des avocats, les discussions remarquables de certains organes de la presse, mais surtout le concours aussi puissant qu'éclairé du conseil municipal, ont triomphé de tous les obstacles, et, le 29 décembre 1844, un premier conseil de prud'hommes a été constitué à Paris.

Ainsi, après quarante années d'hésitation, on en est arrivé à décider la question de principe, c'est-à-dire à reconnaître que cette institution est bonne et utile à Paris. Toutefois, en même temps qu'on proclamait cette vérité, on n'a voulu faire encore qu'un essai, et une seule industrie, l'une des plus nombreuses, il est vrai, celle des métaux, a été appelée à élire ses prud'hommes. Pour justifier cette réserve, on a dit qu'avant d'étendre la juridiction dont il s'agit à toutes les autres, il y avait quelque chose à faire. Après avoir examiné avec soin la législation sur la matière, on a compris qu'elle était incomplète, et qu'il y avait quelques réformes à y introduire ; on a eu raison, et telle est notre opinion. Quoi qu'il en soit, dans l'espoir que ces réformes auront lieu prochainement, nous essaierons d'indiquer ce qu'elles peuvent être, et pour en mieux faire sentir l'urgence, nous allons d'abord rappeler quelques-uns des événements industriels qui ont provoqué l'institution à laquelle elles doivent s'appliquer.

L'industrie a eu aussi ses révolutions, et la liberté dont elle jouit aujourd'hui est le prix d'une lutte

longue et pénible. Au moyen âge, le commerce
était dans une telle déconsidération qu'il était
exclusivement abandonné aux juifs et aux classes
infimes de la société, dont l'avarice bravait les ava-
nies sans pour cela éviter les spoliations. Les pré-
jugés qui furent la conséquence de cet état de
choses, s'infiltrèrent si bien dans les esprits, que
jusqu'à l'époque de notre première révolution, la
noblesse n'aurait pu sans déroger exercer un commerce ou une industrie quelconque.

Cependant, comme en définitive au commerce
et à l'industrie est attachée la prospérité d'un
Etat, on sentit la nécessité de leur accorder, à défaut de considération, une certaine protection, et
dans ce but on créa des priviléges en faveur des
marchands et des personnes qui exerçaient des
métiers. — De là datent les communautés et les
corps de métiers; mais ces priviléges eurent bientôt pour résultat de concentrer la fabrication dans
quelques mains, et les communautés, au profit
desquelles on avait créé un monopole aussi contraire à la raison qu'à l'intérêt général, exercè-
rent en vertu de la loi une véritable tyrannie sur
les autres industries; «Les maîtres,» dit le conseiller d'Etat Régnault de Saint-Jean-d'Angély, dans
l'exposé des motifs de la loi sur les manufactures,
« les maîtres de chaque profession étaient unis
« pour écarter de leur communauté de nouveaux
« associés qu'ils regardaient comme des ennemis
« prêts à leur enlever une partie de leur fortune.

« Nul autre qu'eux ne pouvait vendre ou fabri-
« quer les objets de leur commerce, et pour en ob-
« tenir l'agrégation, il fallait consacrer à de longs

« apprentissages, à un travail de compagnonnage
« à peu près égal en durée, les plus beaux jours de
« sa jeunesse.

« .... Le bonheur d'avoir acquis à ce prix le droit
« d'exercer son industrie se célébrait enfin dans
« des repas solennels exigés par ses nouveaux con-
« frères : et à l'abondance, au luxe de ces festins,
« succédaient souvent pour le malheureux rentré
« dans sa boutique à peine ouverte, souvent mal
« achalandée, mal approvisionnée, tous les embar-
« ras de la gêne, toutes les privations de la médio-
« crité, quelquefois tous les malheurs de la misère.»

De proche en proche, on en vint à ce point de
déclarer que le droit de travailler était un droit
royal, que le prince pouvait vendre et que les sujets
devaient acheter. D'un autre côté, des règlements
intérieurs rendaient la condition de l'ouvrier into-
lérable ; sacrifié impitoyablement aux intérêts du
maître, on lui interdisait toute autre profession ;
son habileté, son intelligence devaient s'abaisser
devant une routine accréditée par l'ignorance et
commandée par l'égoïsme ; « Des inspecteurs sé-
« vères, dit encore Régnault de St-Jean-d'Angély,
« le condamnaient à ne pas perfectionner ou le fai-
« saient punir d'avoir eu du génie ; il fallait imiter
« toujours et ne créer jamais. »

Un système d'organisation industrielle aussi fu-
neste à l'intérêt public, fut cependant approuvé et
législativement consacré par un édit de Henri III,
de décembre 1582, qui érigea les différents corps
de métiers en *Maîtrises et Jurandes*, et par un second édit de 1597 qui étendit cette nouvelle législation aux marchands et aux artisans.

Ainsi, le commerce et l'industrie étaient enchaînés : pour eux pas d'essor possible ; c'était en vain que l'homme de génie s'épuisait pour créer de nouveaux produits, pour inventer de nouveaux procédés ; l'espérance ne soutenait pas le courage de l'ouvrier, l'avenir était pour lui sans illusions, la réalité seule lui restait, et la réalité c'était son avilissement, l'abnégation de son intelligence devant la lettre de règlements iniques, c'était sa soumission absolue au maître que le hasard, et non le travail, avait souvent placé au-dessus de lui.

A coup sûr, la Révolution qui balaya bien d'autres abus, n'aurait pas laissé subister celui des *Jurandes et Maîtrises*, mais elle n'en eut pas la peine, leur ruine devait commencer plus tôt. — La secte dite des *Economistes*, en tête de laquelle marchait le père de Mirabeau, *l'Ami des hommes*, avait fait faire un pas immense aux idées de réforme, et Turgot le premier eut le courage et l'honneur de les mettre à exécution. Après avoir démontré dans l'exposé si remarquable des motifs de l'édit de 1776, les inconvéniens d'un monopole accordé à quelques corporations, il flétrit l'abus qu'on avait fait de ce monopole, et dans l'enthousiasme de l'homme de bien, qui connaît les grands avantages qu'il procure à son pays, il s'écriait : « Le droit de travailler « est la propriété de l'homme, cette propriété est « sacrée et imprescriptible. »

L'édit de 1776 eut donc pour principal effet d'abolir les *Maîtrises et Jurandes*, la liberté fut rendue à l'exercice de toutes les professions. Mais les ennemis de Turgot, esprits inintelligents et systématiques, entravèrent son administration en s'opposant à toute réforme sociale. Turgot succomba, et la réaction ne tarda pas à se manifester ; en août 1776, les corporations étaient déjà reconstituées.

Ce que le génie de Turgot avait commencé, la révolution l'acheva : le 17 juin 1791 , l'assemblée nationale anéantit pour toujours les *corporations de même état et profession*. Ainsi se trouva irrévocablement reconnu ce principe si noblement proclamé par Turgot : *Le droit de travailler est la propriété de l'homme.*

Une ère nouvelle commence pour l'industrie ; la liberté la plus absolue règne dans la culture de tous les arts, dans l'exercice de tous les métiers. Le commerce s'organise et s'étend, mais déjà des abus graves apparaissent. On comprend bientôt qu'il n'y a pas de liberté sans règles, sans contre-poids, qu'autre chose est de laisser à des corporations la pratique exclusive d'un monopole, autre chose est de régulariser le travail ; en un mot, que la liberté n'a pas le droit de s'opprimer et de se détruire elle-même. Les dangers du *laisser-faire* et du *laisser-passer* commencent à se manifester, l'expérience de quelques jours apprend aux hommes que le législateur doit étendre sa surveillance et sa protection sur tous les intérêts de la société ; que s'il ne faut pas supprimer la concurrence, il faut cependant la régler ; enfin, qu'on ne doit pas empêcher les industries de se combattre, mais les empêcher de s'exterminer, et cela au moyen de règlements sages , habilement équilibrés et impartialement appliqués. — D'un autre côté, les relations entre les fabricants et les ouvriers devenues plus variées, plus nécessaires, mais aussi moins étroites par l'invasion d'une concurrence sans bornes, exigent qu'on pose des règles aux prétentions exagérées des uns et des autres. Déjà se fait pressentir le besoin d'une juridiction toute paternelle, qui vienne concilier les intérêts si divers et si multipliés des membres de la grande famille industrielle.

Avant d'arrêter sa pensée d'une manière définitive sur la création de cette institution nouvelle, le législateur songe à donner des garanties indispensables à l'industrie, en introduisant dans la loi des mesures répressives des abus qui s'étaient glissés dans les rangs des maîtres et des ouvriers à la faveur d'une liberté sans mesure. Il cherche surtout à prévenir les luttes, les tiraillements, les coalitions, éléments de divisions que le prix du salaire, la durée du travail alimentent sans cesse. Puis, l'apprentissage, la propriété du travail, la marque du fabricant, la police des ateliers, sont autant de questions qui attirent successivement son attention. C'est sous de telles inspirations que le conseiller d'Etat Regnault de Saint-Jean-d'Angély rédige la loi du 22 germinal an xi (12 avril 1803) sur les manufactures, fabriques et ateliers.

Rendue dans des vues utiles, cette loi est incomplète aujourd'hui, parce qu'elle laisse sans solution les principales questions qui divisent les économistes ; elle est néanmoins remarquable pour ses heureuses innovations. Ainsi , elle institue les chambres consultatives de commerce, elle crée une juridiction spéciale, à laquelle elle réserve une attribution de police sur les fabriques. La pensée, on le voit, est bonne, mais le choix des moyens est moins heureux. En effet, cette attribution était conférée au préfet de police à Paris, aux commissaires généraux de police ou aux maires dans les départements. Or, cette espèce de juridiction eût-elle offert une garantie suffisante à l'industrie et acquis la confiance de ses justiciables? Cependant, c'était là un germe précieux pour l'avenir. — De cette dernière disposition à l'institution paternelle et prévoyante des prud'hommes, l'acheminement est sensible. Du reste, il n'en pouvait être autrement, car l'autorité, alors même qu'elle eût veillé à la porte de l'atelier, ne pouvait prévenir les dissensions qui naissent de la vie commune, et résoudre les contestations qui s'élèvent chaque jour sur les intérêts civils de personnes réunies en grand nombre.

Il faut que la tranquillité préside au travail et que le génie de l'invention s'inspire au sein de la paix, mais il faut pour cela que le fabricant et l'ouvrier trouvent, pour ainsi dire, sous la main et à peu de frais, un arbitrage à leurs prétentions réciproques. Et, si l'autorité administrative ne pouvait suffire à cette œuvre, l'autorité judiciaire, de son côté, n'avait pas entre les mains les éléments nécessaires pour rendre de promptes et impartiales décisions. Ne fallait-il pas, dès lors, que l'industrie eut ses pairs comme le commerce a les siens? Ne fallait-il pas que ces pairs fussent désignés par l'élection pour qu'ils offrissent d'égales garanties à la confiance du fabricant et de l'ouvrier? La justice, enfin, ne devait-elle pas être prompte et économique, c'est-à-dire mise à la portée du pauvre dans les questions quotidiennes que soulève le travail qui lui donne du pain?

Telles étaient les questions qui, à la renaissance de l'industrie, agitaient les fabriques ; celles-ci demandaient des juges sortis de leur sein : ces juges furent les prud'hommes, et c'est de la main de l'empereur, et au milieu de toute sa gloire, que cette institution vit le jour.

Il était réservé à la deuxième ville du royaume, à la plus considérable par l'importance de ses fabriques, de fixer sur ce point l'attention de Napoléon, qui témoigna toujours pour elle une prédilection marquée.

Au commencement du mois d'avril 1805, l'empereur allait à Milan recevoir la couronne d'Italie ; on apprend qu'il doit passer par Lyon. Aussitôt cette ville s'émeut, les rues se décorent, des arcs de triomphe se dressent, des députations se forment, celle des fabriques est des premières au rendez-vous. La réception fut magnifique et cordiale à la fois ; le temps perdu d'ordinaire en cérémonieux discours se passa dans des entretiens qui portèrent leurs fruits. A peine entré dans la ville, l'empereur s'informe de tout ce qui peut intéresser son commerce, ses manufactures et ses embellissements. Une députation, admise à lui exprimer les besoins de l'industrie, lui rend compte des fraudes introduites dans la fabrication de certains produits ; elle lui expose qu'autrefois il existait dans la ville une juridiction spéciale qui savait, par la prudence et la sagesse de ses décisions, terminer à la satisfaction de tous les contestations qui s'élèvent journellement entre les maîtres et les ouvriers ; elle émet le vœu que cette juridiction lui soit rendue. L'empereur parut frappé de ces observations, et promit qu'avant peu il y aurait fait droit. Du reste, sa présence fut signalée sur tous les points de la ville par des projets d'amélioration : l'île Perrache, les Brotteaux, les digues du Rhône, attirèrent principalement son attention. Aussi, lorsqu'au bout de quelques jours il quitta Lyon pour se rendre à Milan, il put voir à la lueur des illuminations l'inscription suivante, que le peuple reconnaissant avait placée sur la façade du théâtre des Terreaux, au-dessous de son nom, entre les bustes d'Antonin et de Marcus Plancius, fondateurs de la ville :

Sublimi feriam sidera vertice.
HORACE.

Immédiatement après l'arrivée de l'empereur à Milan, le conseil d'Etat reçut l'ordre de préparer le projet de loi de la nouvelle magistrature destinée à protéger l'industrie lyonnaise, et ce fut encore Régnault de Saint-Jean-d'Angély qu'on chargea de réunir les éléments de ce projet. — La loi fut votée par le Corps Législatif le 18 mars 1806.

Ainsi, l'empereur avait en peu de temps répondu aux vœux des Lyonnais, en dotant leur ville du premier conseil de prud'hommes qu'ait possédé l'industrie française. Nous disons que ce fut le premier conseil, car ce serait une grave erreur de croire que cette institution n'est qu'une restauration des anciens syndics de communautés ou même des anciens prud'hommes (1). Le caractère et le but de l'institution actuelle sont également

______

(1) Il existait déjà dans plusieurs ports de mer des prud'hommes appelés *Prud'hommes-pêcheurs,* dont les fonctions n'étaient pas cependant sans analogie avec celles des prud'hommes actuels.

étrangers à tout ce qui avait existé jusqu'alors. Les juridictions établies par les corporations étaient nées de l'arbitraire, et nous avons vu quelle était l'iniquité de leurs fonctions; les prud'hommes, au contraire, sont sortis d'un libéralisme bien entendu, pour rétablir l'harmonie entre les intérêts des maîtres et des ouvriers, pour veiller à l'ordre des fabriques et commander la bonne foi à ceux qui seraient tentés de s'en écarter. Les corporations avaient causé la ruine du commerce et de l'industrie; les prud'hommes devaient être des éléments de leur prospérité. Au lieu des étranges usages que l'ignorance ou le despotisme permettaient aux anciens syndics de reconnaître, les prud'hommes devaient respecter la liberté des conventions et ne juger qu'avec la loi. Magistrats conciliateurs, leur devoir était même de ne recourir à l'autorité du juge qu'après avoir épuisé le langage de la persuasion. Enfin, ils devaient en même temps donner l'exemple de la probité commerciale, de telle sorte qu'on pût leur appliquer ces paroles que prononçait Mirabeau en présentant à l'Assemblée nationale la députation des prud'hommes-pêcheurs de Marseille : « *Vous voyez devant vous les chefs, ou plutôt les pères-magistrats d'une classe d'hommes qu'une grande cité met au nombre de ses meilleurs citoyens. Si la bonne foi s'exilait de la terre, les prud'hommes en seraient encore l'image* (1).

Mais si l'origine des conseils de prud'hommes est de droit moderne, il n'en est pas de même du nom, qui est une réminiscence heureuse du moyen

____

(1) OEuvres de Mirabeau, Discours et Opinions, par Mérilhou, t. II, pag 320.

âge : *Prudentes homines, boni vel probi homines*. on désignait souvent ainsi les homm es recom mandables par leur prudence, leur bonté, leurs vertus, ou ceux qui passaient pour versés dans l'étude des lois. Parmi les chartes des communes, on trouve fréquemment le mot de prud'hommes. Ce sont la plupart du temps des officiers munici- paux, des juges composant les tribunaux ordinai- res, ou même des experts, ou des arbitres choisis par les parties. C'étaient quelquefois des préposés à la garde et à la surveillance de gens d'une même profession ; il en est question dans une délibération du conseil de la ville de Paris de l'an 1296, où il est dit : « on élira vingt-quatre prud'hommes qui « seront tenus de venir au Parloir-aux-Bourgeois, « au mandement du prévost et des échevins, qui « conseilleront les bonnes gens, et iront avec le « prévost et les échevins chez les mestres et le roi, « ou ailleurs, à Paris ou dehors, pour le profit de la « ville. »

La ville de Lyon était déjà familiarisée avec ce nom de prud'hommes ; par un édit donné à No- gent-le-Roy, le 29 avril 1464, Louis XI octroya « pouvoir aux conseillers, bourgeois, manants et « habitants de la ville de Lyon, de commettre un « *Prud'homme* suffisant et idoine pour régler les « contestations qui pourraient arriver entre les « marchands fréquentant les foires de la ville. »

Aujourd'hui les prud'hommes ont une mission d'une nature spéciale ; ce sont pour ainsi dire les juges de paix de l'industrie. On comprend qu'une pareille institution dut être reçue avec faveur par la France entière ; aussi le gouvernement, usant de

la prérogative qui lui était concédée par la loi du
18 mars 1806 (art. 34), établit-il successivement des
conseils de prud'hommes dans les villes manufacturières qui en faisaient la demande. Bientôt
soixante-sept en obtinrent, et soixante-sept furent
unanimes à s'en féliciter.

Les tableaux statistiques dressés par ordre de
M. le garde des sceaux, depuis 1830 jusqu'à ce jour,
proclament, quant à cette institution, les plus heureux résultats ; les affaires soumises à la juridiction de tous les conseils de prud'hommes institués
en France, se sont élevées :

en 1830 à	11,513
1831	9,581
1832	11,486
1833	14,656
1834	13,253
1835	14,456
1836	16,254
1837	12,961
1838	15,426
1839	16,144
1840, 1841,1842	48,784
Total	184,514.

Sur ce nombre d'affaires, les bureaux
particuliers des conseils en ont concilié   174,487

Il est resté à juger   10,027

affaires qui se sont terminées de la manière suivante :

4,849 ont été retirées par les parties.

5,178 ont été jugées, savoir : { 1,904 en premier ressort, 3,274 en dernier ressort.

____

10,027 Nombre égal.

Enfin sur ces 1904 jugements dont l'appel était permis, on n'y a eu recours que 190 fois; d'où il suit que, sur 1904 jugements attaquables ; les parties ont accepté volontairement la décision des prud'hommes dans 1714 affaires.

Résumé : 5,178 jugements pour 184,514 affaires; voilà en définitive la justice de ce tribunal de paix et de conciliation, durant une période de 13 années seulement.

Ajoutons que dans ces calculs il n'est question ni des conciliations obtenues par les prud'hommes volontairement appelés comme arbitres, ni des conciliations opérées d'après les avis du président ou du secrétaire, ni des contestations que la jurisprudence connue empêche de naître. 174,487 contestations ont donc été terminées à l'amiable et éteintes sur-le-champ, sans qu'il en coûtât aux parties plus de 30 centimes pour chaque affaire.

La science n'a pas tardé à s'emparer d'une institution qui renfermait des éléments si puissants de prospérité pour le pays ; elle en a examiné le but, elle en a prédit les heureux effets, et l'expérience, comme nous venons de le voir, s'est trouvée d'accord avec elle. Outre les résultats matériels constatés par la statistique, il en est d'autres que la morale peut suffisamment apprécier ; ainsi, partout où des conseils de prud'hommes ont été organisés, l'industrie a repris courage ; l'ouvrier, sûr de trouver protection lorsque la légitimité de ses droits lui serait contestée, est devenu docile à la discipline de l'atelier, actif et zélé dans son travail ; le maître à son tour est devenu plus bienveillant; la grande famille industrielle a resserré ses liens. Il y a plus, l'ouvrier pouvant être appelé un jour à siéger avec ses supérieurs, s'est appliqué à perfectionner son éducation, et il est devenu tout à la fois plus laborieux et plus instruit.

Ces avantages étaient trop considérables pour que l'industrie de la capitale n'en réclamât pas sa part. Le 6 décembre 1837, la chambre de commerce, que la loi charge d'une manière toute spéciale de veiller aux intérêts généraux du commerce et de l'industrie, avait arrêté dans ce sens une délibération motivée, et l'année suivante, le président du tribunal de commerce, M. Michel, exprimait devant le roi, à l'occasion du premier janvier, le vœu que la capitale ne fût pas privée plus longtemps de conseils de prud'hommes. -- De son côté, M. Mollot attaquait le dernier argument de l'administration, le seul peut-être, et il le formulait ainsi : « Quelque « cause politique enfin produirait-elle un obstacle « qu'on n'ose pas avouer ? Craindrait-on que l'in- « stitution des prud'hommes formât pour les ou- « vriers. sinon pour les maîtres, un centre de ras- « semblements dangereux ? « Il répond : « Ce n'est « pas des ateliers que sort l'émeute, le travail est « ami de l'ordre. »

«... Et de quoi s'agit-il après tout ? D'une ques- « tion complétement étrangère à la politique, « d'une question de famille. Il s'agit de nommer « des magistrats spéciaux pour l'industrie. Pour- « quoi ces élections seraient-elles plus comprome-

« tantes que celles du tribunal de commerce ?... Il
« est puéril de s'alarmer sans motifs. »

Ces paroles devaient trouver de l'écho et elles en
trouvèrent. — Saisi en dernière analyse de la question, le conseil municipal de Paris nomma une commission dont M. Périer fut le rapporteur (1), non pas
simplement pour avoir l'honneur de voter les fonds
nécessaires à l'installation des prud'hommes, mais
pour examiner et décider l'utilité de leur installation à Paris. L'œuvre commencée par M. Mollot fut
dignement achevée par M. Périer, dont le nom déjà
recommandable à tant de titres, se rattachera désormais à cette précieuse institution; et c'est d'après son rapport, où abondent les vues élevées, que
fut enfin rendue l'ordonnance royale du 29 décembre 1844.

Après l'histoire, après l'étude des faits, viennent
les réformes conseillées par l'expérience et que
nous allons tenter d'indiquer. Les prud'hommes,
ne l'oublions pas, sont les juges de paix de l'industrie. Elus par elle, sortis de son sein, ils sont placés entre le fabricant et l'ouvrier pour concilier les
intérêts qui tendent sans cesse à les diviser. Le
principe essentiellement démocratique qui concourt à leur organisation, doit d'ailleurs leur donner une autorité toute-puissante pour apaiser les
dissensions des ouvriers entre eux, ou les troubles
qui peuvent résulter de leur agglomération. — Tel
est le but de la loi. — Or, on comprend toute l'in-

(1) Cette commission était composée de MM. Aubé, président, de Cambacérès, Ganneron, Jouet, Lanquetin, Legros, Périer, Sanson-Davillier et H. Say.

MM. Beau, Boulay de la Meurthe, Galis, Husson, Lahure, Pellassy,
Perret et Preschez s'y sont adjoints, et ont assisté à une grande partie des
séances.

fluence qu'une semblable magistrature peut exercer sur l'industrie. Examinons donc si l'institution actuelle des prud'hommes répond aux espérances qu'elle a fait naître, et si elle contient pour l'avenir des éléments d'amélioration.

On a dit qu'une aussi modeste juridiction n'avait aucun caractère, soit politique, soit social.— Aucun caractère politique, nous l'avouons en nous en félicitant, mais aucun caractère social, c'est ce que nous ne pouvons reconnaître. — En effet, si l'on admet que cette magistrature exerce une légitime influence sur le bon accord de toutes les classes industrielles entre elles (et l'on ne peut le nier), on doit vouloir que cette influence acquière dans l'avenir une plus grande extension. Si ses tendances sont bonnes et qu'elles puissent aider à résoudre les hautes questions industrielles qui surgissent de tous côtés, on doit avouer que cette institution est éminemment sociale; elle n'a pas eulement pour but d'appliquer, avec plus ou moins d'intelligence, un texte de loi, mais avant tout de s'adresser au cœur de l'homme en passant par sa raison.

La corrélation une fois établie entre l'institution des prud'hommes et les intérêts de l'industrie, il devient facile de prouver l'urgence qu'il y a d'augmenter l'influence de la première sur la seconde. Il suffit pour cela de jeter un coup d'œil sur ce qui se passe aujourd'hui.

Tout le monde se plaint que la liberté acquise à l'industrie par la Révolution ait engendré la concurrence illimitée; un mal non moins grave et qui grandit tous les jours, c'est la tyrannie des capitaux; les capitaux menacent de tuer l'industrie.

. Le marchand et l'ouvrier subissent également
la loi des gros capitaux.—Le marchand, parce que
l'aristocratie du commerce l'écrase, que ne pouvant rivaliser pour le prix ou la qualité avec le
concurrent qui, plus riche, obtient du fabricant des
conditions meilleures, il se trouve fatalement en-
traîné à épuiser jusqu'à ses dernières ressources
dans d'inutiles efforts. La concurrence n'est plus
seulement pour lui un état de lutte continuelle qui
doit profiter au consommateur, elle est souvent
une cause d'extermination.

L'ouvrier, de son côté, subit la même loi, parce
que les capitaux permettent au maître de lui mar-
chander indéfiniment le salaire et de ne lui acheter
son travail que dans les moments et aux prix qui
lui conviennent. Tandis que l'ouvrier, qui ne peut
attendre, parce qu'il doit manger tous les jours, ne
saurait choisir ni son moment ni son prix. Si sa
position était injuste sous le régime des corporations, elle est plus malheureuse aujourd'hui, en ce
sens que les corporations, le protégeant contre la
concurrence illimitée, lui assuraient au moins du
travail, et que dans l'état actuel des choses la liberté
et la paix multipliant les bras autour de lui, il doit
craindre chaque jour de n'avoir pas d'occupation
le lendemain, ou d'en voir avilir de plus en plus
la rémunération.

Ecoutons du reste ce que dit à ce sujet M. Michel
Chevalier (1) :

«... Avec toutes les ressources dont virtuellement
« elle dispose, l'industrie aujourd'hui ne sait pas

____

(1) Cours d'économie polique fait au collége de France, par M. Michel
Chevalier, page 16.—Capelle. 1842.

« garantir à tous ses serviteurs une modeste pi-
« tance, et elle ne sert guère mieux leur âme que
« leur corps.Telle qu'elle se présente maintenant, ce
« n'est pas toujours une mère tendre, c'est quelque-
« fois, c'est souvent une cruelle marâtre. Un grand
« nombre de ses enfants, et particulièrement ceux
« qui peuplent les ateliers des villes, sont dans une
« position affligeante. Ils supportent leurs maux
« avec impatience, ils sont mécontents et agités, et
« leur souffrance est devenue un péril pour l'Etat.

« C'est que nous ne sommes qu'au début du ré-
« gime industriel et que ce début est laborieux
« comme tous ceux de la nature humaine.

« De nos jours, fait étrange qui serait inexplica-
« ble si l'on ne se souvenait que nous sortons d'une
« longue période révolutionnaire, et que le propre
« des révolutions, même des plus légitimes et des
« plus glorieuses, c'est de rompre toutes les atta-
« ches sociales et politiques; de nos jours, entre le
« chef d'industrie et l'ouvrier, il y a moins de liens
« moraux que dans l'ancien régime. Avant 1789, la
« famille industrielle existait, aujourd'hui elle est
« dissoute. La filiation est rompue. Chacun pour
« soi. Le proverbe ajoute : Dieu pour tous, ici, il
« faudrait dire: Dieu pour personne.Sans liens avec
« leurs maîtres les ouvriers n'en ont pas davantage
« entre eux. Ils n'ont les uns envers les autres ni
« obligation ni devoir. Dans l'atelier les corps se
« touchent, les esprits n'ont aucun rapport. Il y a
« des hommes juxtaposés, il n'y a pas de sentiment
« commun, si ce n'est peut-être la chaîne du ré-
« gime auquel l'ouvrier est astreint. La concur-
« rence illimitée, qui est l'unique loi de l'industrie

« et qui rend les maîtres ennemis les uns des au-
« tres, les oblige sous peine de banqueroute, c'est-
« à-dire de mort industrielle, à augmenter sans
« cesse la tâche de l'ouvrier en réduisant d'autant
« la rétribution de l'unité de travail, ce qu'en lan-
« gage industriel on appelle le prix de la pièce.
« Elle contraint l'ouvrier à regarder son voisin
« comme un rival qui lui dispute son pain. Il sem-
« ble que le génie de la guerre, repoussé par le bon
« sens des nations et des gouvernements, ait cher-
« ché à se ménager dans l'industrie un dernier asile
« et qu'il y ait provisoirement réussi. »

Ainsi, à quelque opinion politique que l'on ap-
partienne, à quelque école philosophique et écono-
miste que l'on se rattache, il suffit de jeter un coup
d'œil sur cet état de choses pour comprendre que
de grandes modifications y sont devenues nécessaires. Que ces modifications présentent d'immenses difficultés, cela peut être vrai ; rien d'important
n'est facile dans l'ordonnancement de la société : mais
s'ensuit-il qu'il faille revenir sur nos pas et consacrer de nouveau l'asservissement légal du travail
et de l'invention, c'est-à-dire renoncer aux avantages de la réforme due à Turgot ? Non certes ; on brise-
rait ainsi un principe sacré, et l'ordre ne peut résulter de la destruction des principes du droit na-
turel. C'est au pouvoir qui tient entre ses mains les
destinées de l'industrie, à consentir à des réformes
possibles, à les provoquer même, c'est enfin à chacun de nous qu'il appartient de coopérer sans se-
cousse à l'œuvre de réorganisation.

Doit-on s'étonner maintenant que nous deman-
dions que les conseils de prud'hommes apportent

à ce grand travail l'autorité de leur influence, et pense-t-on, après cela, qu'ils n'aient pas une belle et noble mission à remplir ?

Non, l'institution des prud'hommes ne peut rester immobile et désarmée, alors que la grande famille industrielle se divise et se livre des combats qui sont comme autant de fratricides ; les inconvénients du passé privé de ses pauvres compensations ne peuvent être long-temps encore le partage du présent. On doit reconnaître que l'institution elle-même pèche sinon par sa base, du moins par les restrictions apportées à son principe : on doit comprendre qu'il ne lui faut qu'un peu de vie pour rendre au pays des services éminents, et que loin d'être un objet d'inquiétude, comme le gouvernement a eu le tort de le craindre, elle est au contraire entre ses mains un puissant moyen d'ordre, d'amélioration et de progrès. Les prud'hommes ne sont pas de simples juges des intérêts civils ; déjà la loi leur reconnaît une certaine autorité administrative et de police : ce sont là deux éléments précieux qu'il faut étendre ;—c'est-à-dire que l'institution appelle une réforme complète, et qu'une loi de réorganisation des conseils de prud'hommes est devenue nécessaire.

Les besoins actuels, en effet, ne sont plus les mêmes qu'en 1806, époque de la création du premier conseil de prud'hommes : l'industrie a pris une extension qui est loin de s'arrêter. — D'un autre côté, il n'est pas sans intérêt de vider législativement quelques-unes des grandes questions industrielles qui se rattachent à cette institution. —Enfin, la loi nouvelle devra éviter les erreurs, les lacunes, les imperfections des décrets qui régissent la matière ; elle statuera principalement sur des questions de principes, aujourd'hui en grande discussion, savoir :

Si le système d'élection ne doit pas être changé ;

Si le nombre des électeurs n'est pas trop restreint, c'est-à-dire, si les ouvriers patentés représentent suffisamment la classe ouvrière, et si les ouvriers à livret ne devraient pas être électeurs et aptes même à devenir prud'hommes ;

Si l'inégalité du nombre entre les maîtres et les ouvriers dans la composition des conseils de prud'hommes doit être maintenue ;

Si, enfin, il faut donner la présidence du conseil à un magistrat consulaire ou à un juge civil.

La solution de ces diverses questions dépend en grande partie de l'extension que l'on accordera à l'autorité et à l'influence des conseils de prud'hommes.

En premier lieu, il est évident que la force de l'institution provient surtout du principe électif, auquel il faut laisser ou même rendre toute sa pureté. La formation des listes électorales ne doit pas être abandonnée au préfet ni aux maires, comme le prescrivait l'art. 15 du décret du 11 juin 1809 ; il faut que ceux qui ont droit d'être électeurs puissent requérir eux-mêmes leur inscription et concourir indistinctement aux élections, s'ils le jugent à propos.

La deuxième question appelle aussi de sérieuses observations. — Le législateur de 1806 a voulu que les ouvriers fussent représentés dans le conseil sur le même pied d'égalité que les fabricants ; cependant est-il vrai de dire que les ouvriers patentés constituent bien la véritable classe ouvrière, celle à laquelle une plus grande protection est due, justement parce qu'elle est plus considérable et moins avantagée en tout? Personne ne le soutiendra; on sait en effet que sous bien des rapports l'ouvrier patenté se rapproche beaucoup plus du fabricant que de l'ouvrier à proprement parler; il faut donc reconnaître que les ouvriers ne sont que très imparfaitement représentés dans les conseils. D'un autre côté, les villes manufacturières contiennent une population flottante à laquelle il eût peut-être été injuste, sinon dangereux, de confier le sort d'une élection dont le bien-être de la ville peut dépendre. Dans notre opinion, le moyen de remédier à ce double inconvénient, serait d'admettre les ouvriers à livret au nombre des électeurs, de leur donner même le droit d'éligibilité, mais seulement après un certain temps de domicile réel, la maison garnie ne pouvant jamais compter pour tel. On engagerait ainsi les ouvriers à prendre le livret (ce qu'il a été difficile d'obtenir d'eux jusqu'à présent), en rattachant l'exercice d'un droit qu'ils ambitionnent à une mesure qu'à tort ils considèrent comme une sorte de mise en surveillance.

Si le mode d'élection a donné lieu aux discussions les plus vives, il faut avouer que le mode de composition des conseils en a soulevé de plus difficiles encore à concilier. On a été même jusqu'à nier l'utilité de l'établissement des prud'hommes à Paris, à cause de l'infériorité en nombre des prud'hommes ouvriers sur les prud'hommes fabricants. Pour nous, nous n'irons pas aussi loin; nous reconnaissons que le principe de l'institution est bon et utile, et nous sommes heureux de le voir enfin admis dans la capitale, seulement nous croyons qu'il y a beaucoup à faire, beaucoup à réformer.

Toutefois, la difficulté est réelle. Il est impossible en effet de comprendre un conseil composé de membres égaux en nombre. Il doit donc y avoir imparité, et alors il faut nécessairement que les fabricants ou les ouvriers soient supérieurs ou inférieurs en nombre les uns à l'égard des autres. Or, les ouvriers se plaignent de subir cette infériorité; d'un autre côté ils sentent qu'il serait injuste de la faire subir aux fabricants, et ils en arrivent à proposer un conseil composé de membres égaux en nombre, mais présidé par un juge civil ou par un magistrat consulaire. L'imparité serait rétablie, il est vrai, toutefois n'y aurait-il pas lieu de craindre que le principe de l'institution ne s'en trouvât altéré? L'industrie possède une juridiction qu'elle doit tenir à conserver pure de toute atteinte, quelque honorable que fût le choix que l'on pourrait faire. — C'est donc dans son sein qu'elle doit uniquement puiser les moyens de satisfaire tous les intéressés. Ne pourrait-on pas par exemple rétablir l'équilibre en principe, admettre les ouvriers comme les fabricants à nommer un nombre égal de représentants, et donner au président voix prépondérante dans le conseil des prud'hommes comme la loi l'accorde au juge de paix dans le conseil de famille? Sans doute, il arrivera peut-être que le conseil, ainsi composé, ne puisse pas d'abord s'entendre sur la nomination de son président, parce que les fabricants ou les ouvriers voudront qu'il soit pris parmi eux, mais, ne pourrait-on pas en pareil cas, déférer cette nomination au choix du ministre du commerce sur une liste de quatre candidats élus et présentés par le conseil ; ou bien encore ne serait-il pas plus simple d'accorder de suite et pour l'élection du président voix prépondérante au doyen d'âge qui présiderait provisoirement, lequel, on le voit, pourrait être aussi bien un ouvrier qu'un fabricant?

D'autres questions enfin mériteraient toute la sollicitude du législateur, mais comme elles se rattachent plutôt à l'action même des conseils de prud'hommes qu'à leur organisation, nous ne ferons que les indiquer. Ainsi, il est facile de comprendre que la juridiction des conseils doit être étendue sur la propriété des dessins de fabrique et des marques, sur la délivrance des livrets, sur l'exécution de la loi du travail des enfants dans les manufactures, sur la salubrité des ateliers, sur les précautions que dictent la prudence et l'hygiène dans le choix des matériaux et des procédés de fabrication, en un mot sur tout ce qui se rattache de près ou de loin à l'exacte observation des lois qui peuvent ramener l'industrie à son apogée, en lui donnant la sécurité et l'honneur pour bases.

Telle est l'histoire de l'institution des prud'hommes sortie des semences jetées par la haute intelligence de Turgot, fécondées par le génie de l'empereur. La capitale de la France n'en a été dotée qu'après soixante-sept autres villes. Elle en jouit

enfin. C'est une de ces conquêtes qui doivent gran-
dir et que nul mauvais vouloir ne peut plus enlever. — Nous avons fait de cette institution l'objet
d'une étude particulière ; nous y avons vu plus que
des jugements à rendre, plus que la solution de
contestations plus ou moins importantes ; nous y
avons reconnu un premier élément de solution de
grandes difficultés sociales. A cet égard, nous avons
laissé entrevoir nos espérances et nos convictions
sur les réformes nécessaires. Il ne nous reste plus
maintenant qu'à aider sa marche, autant qu'il est
en nous, par un travail plus simple, plus modeste,
par l'examen des textes que les conseils de prud-
hommes auront à consulter, et la discussion des
difficultés qu'ils présentent. C'est ce que nous allons faire, heureux d'explorer des premiers une
matière complétement neuve, et d'offrir aux classes
industrielles une sorte de manuel qui ne sera peut-
être pas sans quelque utilité pour elles.

TABLE

DES LOIS, DÉCRETS, ORDONNANCES ET ARRÊTÉS

CONTENUS DANS CE VOLUME.

PREMIÈRE PARTIE.

LÉGISLATION DES CONSEILS DE PRUD'HOMMES.

APPENDICE.

MANUEL

DES

CONSEILS DE PRUD'HOMMES.

PREMIÈRE PARTIE.

LÉGISLATION

DES CONSEILS DE PRUD'HOMMES.

LOI

PORTANT ÉTABLISSEMENT D'UN CONSEIL DE PRUD'HOMMES A LYON (1).

Du 18 mars 1806.

TITRE PREMIER.

ARTICLE PREMIER. Il sera établi à Lyon un conseil de prud'hommes, composé de neuf membres, dont cinq négociants-fabricants, et quatre chefs d'atelier (2).

---

(1) Cette loi est la loi organique qui régit tous les conseils de prud'hommes, bien qu'elle ait été spécialement faite pour la ville de Lyon; c'est ce qui résulte des art. 34 et 35 ci-après.

(2) Le marchand ou négociant-fabricant est celui qui, propriétaire de machines, métiers et ustensiles, propriétaire des matières premières, des dessins, des modèles et des procédés de fabrication, fait confectionner, soit dans ses ateliers, soit en dehors, par des chefs d'atelier ou des ouvriers qu'il paie, les objets qu'il livre ensuite au commerce.

1

2. Le mode de nomination sera déterminé par un règlement d'administration publique (1).

3. Les négociants-fabricants ne pourront être élus prud'hommes s'ils n'exercent depuis six ans *dans cet état*, ou s'ils ont fait faillite.

—Les chefs d'atelier ne pourront être élus prud'hommes s'ils ne savent lire et écrire, s'ils n'ont au moins six ans d'exercice *de leur état*, ou s'ils

---

Le chef d'atelier est un entrepreneur d'ouvrages à façon qui recevant les matières premières du marchand fabricant, a chez soi un atelier et des ouvriers pour les y confectionner. (Mollot, n° 45.) On peut ajouter : ou qui fait marcher un ou plusieurs métiers chez le fabricant.

Cet article reçoit une plus grande extension par suite de sa combinaison avec l'art. 1er du décret du 11 juin 1809 : les conseils peuvent être composés non-seulement de négociants-fabricants et de chefs d'atelier, mais aussi de contre-maîtres et de teinturiers ou d'ouvriers patentés.

Le contre-maître est celui qui dirige les ouvriers d'une fabrique pour le compte du fabricant ; c'est l'ouvrier principal. (Mollot n° 46.)

On appelle teinturiers ceux qui colorent les produits de la fabrique avec la couleur du fabricant ; ce sont là les ouvriers de Lyon, ville pour laquelle ont été rendus principalement la loi de 1806 et le décret de 1809 : Aussi ce décret assimile-t-il les teinturiers aux ouvriers.

Quant à l'ouvrier patenté « c'est celui qui travaille chez soi pour des fabricants, même sans compagnon, enseigne ni boutique. » (Loi du 1er brumaire an VII.) Il reçoit des fabricants la matière première à élaborer, les dessins ou modèles à suivre, et souvent tout ou partie des outils et instruments qui servent à la fabrication. Semblable au fabricant, il a quelquefois sous ses ordres plusieurs ouvriers à façon.

Bien entendu que les marchands *non fabricants*, de même que les chefs d'ateliers, contre-maîtres, teinturiers et ouvriers patentés, ne travaillant pas pour *des fabriques*, ne pourraient pas être appelés à siéger parmi les prud'hommes, ni même être les justiciables de ceux-ci, puisque l'institution des prud'hommes n'est établie que pour les fabriques.

(1) Chaque ville où un conseil a été institué a eu son règlement particulier ; nous ne citerons aucun de ces règlements puisqu'ils varient suivant les localités.

sont rétentionnaires de matières données à employer par des ouvriers (1).

4. Le conseil de prud'hommes se renouvellera par tiers chaque année, le premier jour du mois de janvier.

—Trois membres, dont un négociant-fabricant et deux chefs d'atelier, seront renouvelés la première année.

—Deux négociants-fabricants et un chef d'atelier seront renouvelés à chacune des deux années suivantes (2).

5. Les membres du conseil de prud'hommes sont toujours rééligibles.

Le décret de 1809 est le règlement général auquel il faut se reporter.

(1) Cet article s'occupe des conditions d'éligibilité; les règlements postérieurs ont augmenté ces conditions, voyez l'art. 17 du décret du 11 juin 1809 qui exige en outre l'âge de 30 ans accomplis, et l'art. 14 du même décret qui exige la patente pour voter.

Dans cet état, de leur état, c'est-à-dire, si au moment où se forme ou bien se renouvelle le conseil, ils n'exercent au moins depuis six ans l'*état* qui leur donne le droit d'en faire partie.

D'où il suit que la loi entend exclure aussi ceux qui ne sont pas marchands ou négociants-fabricants à l'époque de la formation ou du renouvellement du conseil.

L'exclusion atteint également ceux qui ont fait faillite, à quelque catégorie qu'ils appartiennent, qu'ils soient fabricants, chefs d'atelier, contre-maîtres ou ouvriers, et qu'ils aient obtenu ou non un concordat; la réhabilitation seule efface l'effet produit par la faillite.

(2) *Voy.* le décret de 1809, art. 3, qui contient des dispositions générales sur le mode de renouvellement des membres du conseil.

TITRE II.

DES FONCTIONS DES PRUD'HOMMES.

SECTION PREMIÈRE.

De la conciliation et du jugement des contestations entre les fabricants, ouvriers, chefs d'atelier, compagnons et apprentis.

6. Le conseil des prud'hommes est institué pour terminer, par la voie de conciliation, les petits différends qui s'élèvent journellement, soit entre des fabricants et des ouvriers, soit entre des chefs d'atelier et des compagnons ou apprentis (1).

— Il est également autorisé à juger jusqu'à la somme de soixante francs, sans forme ni frais de procédure, et sans appel, les différends à l'égard

---

(1) La conciliation est le premier devoir et la principale fonction des prud'hommes. Ils ne jugent que lorsqu'ils ne peuvent pas concilier. Cependant il est de principe qu'ils ne peuvent concilier ni juger les différends des fabricants entre eux, mais seulement les différends qui s'élèvent soit entre les fabricants, les ouvriers et apprentis, soit entre les chefs d'atelier ou contre-maîtres et les ouvriers compagnons ou apprentis. (Arrêt de Cass. 2 fév. 1825, Sirey, tom. 25, 1.403.)

Il faut aussi que ces différends naissent à l'occasion même de la profession qu'ils exercent, et à cause de leurs relations réciproques.

(*Voy.* l'art. 10 du décret de 1809, ainsi que sa note qui renvoie aux arrêts rendus sur ce point par la Cour de cassation.)

Les prud'hommes pourraient-ils concilier et juger les différends des chefs d'atelier entre eux, des contre-maîtres ou des ouvriers entre eux ? Évidemment oui ; car, si leur compétence

desquels la voie de conciliation aura été sans effet (1).

7. A cet effet, il sera tenu chaque jour, depuis onze heures du matin jusqu'à une heure, un bureau de conciliation, composé d'un prud'homme fabricant et d'un prud'homme chef d'atelier, devant lesquels se présenteront en personne les parties en contestation (2).

---

ne s'étend pas sur les fabricants, c'est qu'il peut s'élever entre eux des différends d'une gravité telle qu'il soit nécessaire d'en référer à des magistrats plus versés dans l'étude des lois ; mais au contraire lorsqu'il s'agit de différends entre ouvriers, mot générique qui comprend tout ce qui n'est pas maître, le Conseil est véritablement la seule juridiction qui puisse apprécier les faits de manière à arriver à une conciliation. (Arrêt de Cass., 1er avril 1840, Sirey, tom. xl, 1.605.)

(Voy. art. 1er du décret du 3 août 1810.)

Il est bien entendu que les prud'hommes peuvent être choisis par les fabricants, comme arbitres des différends qui les divisent.

(1) Au-dessus de 60 fr., l'art. 9 ci-après porte qu'il y a lieu à appel, en cas de non conciliation ; mais la compétence des prud'hommes a été étendue à plusieurs reprises, savoir : par l'art. 23 du décret de 1809, qui dispose que le conseil connaîtra en premier ressort de toutes les contestations, quelle que soit la quotité de la somme dont elles seraient l'objet, sauf appel lorsqu'elle dépasse 60 fr.; et par l'art. 2 du décret du 3 août 1810, qui élève le chiffre de la compétence en dernier ressort à 100 fr.

L'appel sera porté devant le tribunal de commerce de l'arrondissement, et s'il n'y en a pas, devant le tribunal civil qui en tiendra lieu.

Quant aux pourvois en cassation contre les décisions des prud'hommes, ils ne peuvent être formés que pour incompétence ou excès de pouvoirs. (Voy. Décret 27 nov. 1790, art. 4, et décret 27 vent. an 8, art. 77.)

(2) La loi ordonne impérativement la comparution des parties en personne. (Voy. à ce sujet la note 2 de l'art. 29 du décret de 1809 et l'art. 32 du même décret.)

Le prud'homme fabricant présidera, mais son collègue pourra également adresser aux parties les questions qu'il jugera convenables. (Voy. art. 21 et 22 décret de 1809.)

8. Il se tiendra une fois par semaine, au moins, un bureau général ou conseil de prud'hommes, lequel pourra prononcer, au nombre de cinq membres au moins, ainsi qu'il est dit dans l'article précédent, sur tous les différends qui lui auront été renvoyés par le bureau de conciliation (1).

9. Tout différend portant une somme supérieure à celle de soixante francs, qui n'aura pu être terminé par la voie de conciliation, sera porté devant le tribunal de commerce ou devant les tribunaux compétents (2).

SECTION DEUXIÈME.

Des Contraventions aux lois et règlements.

10. Le conseil des prud'hommes sera spécialement chargé de constater, d'après les plaintes qui pourraient lui être adressées, les contraventions aux lois et règlements nouveaux ou remis en vigueur (3).

---

(1) *Voy.* les art. 23 et 24 décret de 1809, qui, au lieu de cinq prud'hommes, exigent les deux tiers des membres du conseil.

(2) Le droit d'appel a été successivement restreint par les décrets de 1809, art. 23, et du 3 août 1810, art. 2. (*Voy.* ces articles et la note; *Voy.* aussi art. 6 de la présente loi, et art. 27 et 38 du décret de 1809.)

(3) Toutes les contraventions aux lois, décrets, règlements et ordonnances qui régissent les fabriques, doivent donc être constatées par les prud'hommes, mais seulement d'après les plaintes qui leur seraient adressées, et non d'office, à moins d'une disposition légale expresse, comme celle contenue dans l'art. 3 du décret du 1er avril 1811 sur les savons. (*V.* art. 12 et 13 ci-après.)

Les prud'hommes ne pourront constater les contraventions que dans les fabriques soumises à leur juridiction; d'où il suit que les contraventions relatives aux industries qui n'auront pas de conseil de prud'hommes, ne pourront pas être constatées par les prud'hommes d'une autre industrie, et que si le

11. Les procès-verbaux dressés par les prud'-

conseil se divise en plusieurs sections, chaque section ne pourra constater que les contraventions concernant les industries soumises spécialement à sa juridiction.

M. Mollot (n° 566) cite, parmi les contraventions dont la connaissance rentre sous la juridiction des prud'hommes :

1° Celles qui sont réputées délit de simple police par le décret du 3 août 1810 et qui sont jugées par eux.

2° Celles relatives à la marque particulière des ouvrages de quincaillerie et de coutellerie, aux termes des art. 8 et 9 du décret du 5 sept. 1810, qui les en constituent juges.

3° Celles concernant les marques en général, aux termes du décret du 11 juin 1809, et sur lesquelles ils sont appelés à remplir l'office d'arbitres conciliateurs.

4° Celles qui concernent la lisière des draps, aux termes de l'art. 8 du décret du 22 déc. 1812, suivant lequel les prud'-hommes remplissent encore le ministère d'arbitres conciliateurs.

5° Celles relatives au décret du 21 sept. 1807, qui contient règlement pour les draps destinés au commerce du Levant, et charge spécialement les prud'hommes, par les art. 11 et 20, de veiller à son exécution, en assistant, comme jurés, un vérificateur nommé par le gouvernement.

6° Celles relatives à l'ordonnance royale du 8 août 1816, qui oblige les fabricants d'étoffes et tissus de la nature de ceux prohibés, à ne mettre dans le commerce ces étoffes et tissus que revêtus d'une marque de fabrication, et qui charge, par l'art. 3, les prud'hommes de vérifier la nature de chaque marque et le procédé de la fabrication.

7° Celles relatives à la marque particulière des savons et aux dessins de fabrique.

A l'égard des quatre dernières contraventions, il peut y avoir lieu à l'application des peines correctionnelles, lesquelles excèdent la compétence des prud'hommes, aux termes du décret du 3 août 1810. (*Voy.* art. 142, 143 et 423 du Code pénal.)

M. Mollot, arrivant aux contraventions que les prud'hommes ont seulement le droit de constater, lesquelles sont prévues tant par le Code pénal que par des lois particulières, les énumère ainsi (n° 569) :

1° Violation des règlements d'administration publique sur les produits des manufactures françaises qui s'exportent à l'étranger, règlements ayant pour objet de garantir la bonne qualité, les dimensions et la nature de la fabrication. (Art. 413, Code pénal.)

hommes pour constater ces contraventions, seront

2° Manœuvres frauduleuses, afin d'opérer la hausse ou la baisse du prix des denrées ou marchandises. (Art. 419-420, *idem.*)

3° Fraudes commises sur le titre des matières d'or et d'argent, sur la qualité d'une pierre fausse vendue pour fine, sur la nature de toutes marchandises, par usage de faux poids ou de fausses mesures. (Art. 423, 424, Code pénal.)

4° Pillages et dégâts de marchandises, commis dans les fabriques par les ouvriers en réunion et à force ouverte. (Art. 440, Code pénal.)

5° Dégâts volontaires commis sur des marchandises ou matières servant à la fabrication, à l'aide d'une liqueur corrosive ou par tout autre moyen. (Art. 443, Code pénal.)

6° Toute coalition entre ceux qui font travailler des ouvriers, tendant à forcer injustement et abusivement l'abaissement des salaires, suivie d'une tentative ou d'un commencement d'exécution. (Art. 414, Code pénal.)

7° Toute coalition de la part des ouvriers pour faire cesser en même temps de travailler, interdire le travail dans un atelier, empêcher de s'y rendre et d'y rester avant ou après certaines heures, et en général pour suspendre, empêcher, enchérir les travaux, s'il y a eu tentative ou commencement d'exécution. (Art. 415 et 416, Code pénal.)

8° L'action des ouvriers qui consiste à prononcer des amendes, des défenses, des interdictions ou toute proscription sous le nom de *damnations*, et sous quelques qualifications que ce puisse être, soit contre les directeurs d'atelier et entrepreneurs d'ouvrages, soit les uns contre les autres. (Même art. 416.)

9° L'action qui dans la vue de nuire à l'industrie française, consiste à faire passer en pays étranger des directeurs, des commis, ou des ouvriers d'un établissement. (Art. 417, Code pénal.)

10° La communication faite par tout directeur, commis, ouvrier de fabrique, à des étrangers ou à des Français résidant en pays étranger, des secrets de la fabrique où il est employé. (Art. 418, Code pénal.)

11° Les outrages par paroles, gestes, menaces et injures graves envers les prud'hommes dans l'exercice de leurs fonctions, de la part des marchands-fabricants, chefs d'atelier, ouvriers et apprentis. (Art. 222 et 223, Code pénal.) *Voy.* aussi art. 34 du décret de 1809.

renvoyés aux tribunaux compétents, ainsi que les objets saisis (1).

12. Le conseil de prud'hommes constatera également, sur les plaintes qui lui seront portées, les soustractions de matières premières qui pourraient être faites par les ouvriers au préjudice des fabricants, et les infidélités commises par les teinturiers (2).

13. Les prud'hommes, dans les cas ci-dessus et *sur la réquisition* verbale ou écrite des parties, pourront, *au nombre de deux au moins*, dont un fabricant et un chef d'atelier, assistés d'un officier

---

12° Les contraventions à l'arrêté du 20 floréal an 13 sur la guimperie, les étoffes d'or et d'argent et les velours.

13° Les contraventions au décret du 14 déc. 1810 qui porte fixation de la longueur des fils fabriqués avec le coton, le lin, le chanvre ou la laine.

14° Les contraventions à la loi du 28 juillet 1824, qui interdit l'altération et la supposition de noms sur les produits fabriqués.

15° Les contraventions à l'ordonnance royale du 8 avril 1829, relatives au mode de dévidage, d'enveloppe, de numérotage et de mise en vente des cotons filés.

(*Voy.* au sujet des établissements insalubres, des papeteries, les lois des 27 nivôse an 2 et 16 fructidor an 4.)

(1) Les procès-verbaux rédigés en vertu de cet article, par les prud'hommes, agissant comme officiers de police, doivent être enregistrés gratis dans les vingt jours de leur date. (Instruction générale du ministre des finances du 5 juillet 1809.)

(2) Ces soustractions peuvent avoir le caractère de vol domestique ou d'abus de confiance. Cette distinction est établie par les art. 386 et 408 du Code pénal. (*Voy.* aussi l'art. 62 id. qui punit des mêmes peines les recéleurs.)

Le plaignant a toujours deux voies pour présenter sa réclamation : la voie civile et la voie criminelle. Sur la première les prud'hommes sont compétents ; sur la seconde ils ne peuvent que constater le délit et renvoyer ensuite devant les tribunaux compétents. (Tribunaux correctionnels où cour d'assises.)

Le plaignant qui aura préféré la voie civile devant les prud'-hommes ne pourra plus agir devant la juridiction correctionnelle ou criminelle; mais l'action publique sera toujours réservée. (*Voy.* art. 2, 3 et 4, Code d'inst. crim.

1.

public, faire des visites chez les fabricants, chefs d'atelier, ouvriers et compagnons (1).

— Les procès-verbaux constatant les soustractions ou infidélités seront adressées au bureau général des prud'hommes, et envoyés, ainsi que les objets formant pièces de conviction, aux tribunaux compétents.

SECTION TROISIÈME.

De la Conservation de la propriété des dessins.

14. Le conseil des prud'hommes est chargé des mesures conservatrices de la propriété *des dessins* (2).

15. Tout fabricant qui voudra pouvoir revendiquer par la suite, devant le tribunal de commerce, la propriété d'un dessin de son invention, sera tenu d'en déposer aux archives du conseil de prud'hommes, un échantillon plié sous enveloppe revêtue de ses cachet et signature sur laquelle sera également apposé le cachet du conseil de prud'hommes (3).

---

(1) *Sur la réquisition*. Ces mots indiquent bien que les prud'hommes n'agissent point d'office.

Au nombre de deux au moins: ainsi le procès-verbal de contravention n'a besoin d'être dressé que par deux prud'hommes, l'un fabricant, l'autre ouvrier ; il devra être signé par eux, par le plaignant et par l'officier public qui les aura assistés.

C'est dans la visite qu'ils feront pour constater la contravention, que les prud'hommes appliqueront souvent l'art. 28 du décret de 1809.

(2) Tous les dessins des fabriques sont compris dans ce mot, qu'il s'agisse d'étoffes, de meubles ou de papiers peints, de bronze, etc., etc. Un dessin a quelquefois fait la fortune d'un fabricant. (*Voy.* pour les attributions des prud'hommes en matière de *marques* les art. 4, 5, 6, 7, 8 et 12, décret de 1809, et l'art. 4 décret du 5 sep. 1810.)

(3) Les prud'hommes ne sont pas juges des contestations

16. Les dépôts de dessins seront inscrits sur un registre tenu *ad hoc* par le conseil des prud'hommes, lequel délivrera aux fabricants un certificat rappelant le numéro d'ordre du paquet déposé, et constatant la date du dépôt (1).

17. En cas de contestation entre deux ou plusieurs fabricants sur la propriété d'un dessin, le conseil de prud'hommes procédera à l'ouverture

relatives aux dessins, ils conservent les échantillons de ces dessins, et le tribunal de commerce juge la question de propriété ; la question de contrefaçon est réservée aux tribunaux correctionnels.

Mais les prud'hommes pourraient-ils donner leur avis comme en matière de contrefaçon de marques ? Oui ; le décret de 1809 complète à cet égard notre article 15; en effet les prud'hommes étant eux-mêmes fabricants, sont plus aptes que tous autres à émettre un avis en connaissance de cause. A plus forte raison pourraient-ils concilier les parties.(*Voy.* art.6, décret de 1809.)

La revendication de la propriété d'un dessin ne peut être faite que par le propriétaire; or, le propriétaire, c'est l'inventeur, et ce qui prouve la propriété, ce n'est point le dépôt, mais l'invention : le dépôt la fait seulement présumer. Ainsi vous serez propriétaire du dessin déposé, mais ce sera à vous, devant le tribunal, à établir que vous en êtes l'inventeur.

L'importance du dépôt est donc réelle ; car s'il n'a pas eu lieu, et que votre dessin ait été contrefait, ou si le dépôt a bien été fait, mais par le contrefacteur, et avant vous, il sera très difficile d'établir quel est le véritable inventeur, et le tribunal de commerce pourra en vertu de notre article refuser de statuer, dans le premier cas, et ne pas vous donner gain de cause dans le second.

Les fabricants doivent donc, aussitôt qu'un conseil de prud'hommes est créé, s'empresser de déposer au secrétariat de ce conseil des échantillons de leurs dessins, pareils à ceux qu'ils ont déjà déposés au greffe du tribunal de commerce ; c'est là une double obligation qui leur est imposée eu égard à la double garantie qui leur est accordée. (Voyez ordon. du 17 août 1825.)

(1) *Voy.* art. 8 du décret de 1809; *Voy.* aussi l'art. 59 du même décret qui alloue 3 francs au secrétaire pour l'expédition du procès-verbal de dépôt, et le décret du 5 sept. 1810, art. 5, 6 et 7.

des paquets qui auront été déposés par les parties ; il fournira un certificat indiquant le nom du fabricant qui aura la priorité de date (1).

18. En déposant son échantillon, le fabricant déclarera s'il entend se réserver la propriété exclusive pendant une, trois ou cinq années, ou à perpétuité : il sera tenu note de cette déclaration.

— A l'expiration du délai fixé par ladite déclaration, si la réserve est temporaire, tout paquet d'échantillon déposé sous cachet dans les archives du conseil, devra être transmis au Conservatoire des arts de la ville de Lyon, et les échantillons y contenus être joints à la collection du Conservatoire (2).

19. En déposant son échantillon, le fabricant acquittera entre les mains du receveur de la commune une indemnité qui sera réglée par le conseil des prud'hommes, et ne pourra excéder un franc pour chacune des années pendant lesquelles il voudra conserver la propriété exclusive de son dessin, et sera de dix francs pour la propriété perpétuelle.

※

TITRE III.

DES RÈGLEMENTS DE COMPTE, ET DE LA POLICE ENTRE LES MAITRES D'ATELIER ET LES NÉGOCIANTS.

20. Tous les chefs d'atelier actuellement établis,

— Les certificats de dépôt sont soumis à l'enregistrement, mais ils le sont gratis. (*Voy.* Instruction générale du ministre des finances du 5 juillet 1809, n° 437.)

(1) *Voy.* art. 15 ci-dessus et la note, et l'art. 6 du décret de 1809.

(2) Nous savons que la loi a son application aussi bien pour

ainsi que ceux qui s'établiront à l'avenir, seront tenus de se pourvoir, au conseil des prud'hommes, *d'un double livre d'acquit* pour chacun des métiers qu'ils feront travailler, dans la quinzaine à dater du jour de la publication pour ceux qui travaillent, et dans la huitaine du jour où commenceront à travailler ceux qu'ils monteront à neuf (1).

—Sur ce livre d'acquit, paraphé et numéroté, et qui ne pourra leur être refusé lors même qu'ils n'auraient qu'un métier, seront inscrits les noms, prénoms et domicile du chef d'atelier.

21. Il sera tenu au conseil de prud'hommes, un registre sur lequel lesdits livres d'acquit seront inscrits ; le chef d'atelier signera, s'il le sait, sur le registre, et sur le livre d'acquit qui lui sera délivré (2).

22. Le chef d'atelier déposera le livre d'acquit du métier qu'il destinera au négociant-manufacturier, entre ses mains, et pourra, s'il le désire, en exiger un récépissé.

23. Lorsqu'un chef d'atelier cessera de travailler pour un négociant, il sera tenu de faire noter sur le livre d'acquit, pour ledit négociant, que le chef d'atelier a soldé son compte ; ou, dans le cas contraire, la déclaration du négociant spécifiera la dette dudit chef d'atelier (3).

24. Le négociant, possesseur du livre d'acquit,

Lyon que pour toutes les villes où il y a des conseils de prud'hommes.

(1) L'un de ces livres est destiné au fabricant ; l'autre est conservé par le chef d'atelier. Tous les deux sont soumis au timbre. (*Instruction précitée.*)

(2) Ce registre n'est pas soumis au timbre. (*Instruction précitée.*)

(3) La contestation qui s'élèverait à ce sujet serait vidée par les prud'hommes. Mais si le chef d'atelier recevait son livre sans réclamation, il reconnaîtrait par son silence l'exactitude du compte du fabricant, et serait plus tard non recevable à le contester.

le fera viser aux autres négociants occupant des métiers dans le même atelier, qui énonceront la somme due par le chef d'atelier, dans le cas où il serait leur débiteur.

25. Lorsque le chef d'atelier restera débiteur du négociant-manufacturier pour lequel il aura cessé de travailler, celui qui voudra lui donner de l'ouvrage fera la promesse de retenir la huitième partie du prix des façons dudit ouvrage, en faveur du négociant dont la créance sera la plus ancienne sur ledit registre, et ainsi successivement, dans le cas où le chef d'atelier aurait cessé de travailler pour ledit négociant, du consentement de ce dernier ou pour cause légitime : dans le cas contraire, le négociant-manufacturier qui voudra occuper le chef d'atelier, sera tenu de solder celui qui sera resté créancier en compte de matières, nonobstant toute dette antérieure, et le compte d'argent jusqu'à cinq cents francs.

26. La date des dettes que les chefs d'atelier auront contractées avec les negociants qui les auraient occupés, sera regardée comme certaine vis-à-vis des négociants et maîtres d'atelier seulement, et, à l'effet des dispositions portées au présent titre, après l'apurement des comptes, l'inscription de la déclaration sur le livre d'acquit et le visa du bureau des prud'hommes (1).

---

(1) La loi veut dire que la date des dettes contractées par les chefs d'atelier envers un ou plusieurs négociants, ne sera regardée comme certaine à l'égard d'autres négociants, qui voudraient à leur tour les occuper, qu'autant que différentes formalités auraient été remplies. Ainsi, il faut d'abord qu'il y ait eu compte arrêté entre le fabricant et le chef d'atelier; puis, que le reliquat de ce compte ait été porté au livre d'acquit, enfin que le bureau des prud'hommes ait apposé son visa sur ce même livre.

De ce qui précède, il résulte que si les premiers négociants qui ont employé ce chef d'atelier ont négligé l'observance de ces formalités avant de lui remettre son livre d'acquit, les négociants qui viendraient à l'occuper par la suite ne pourraient

27. Lorsqu'un négociant-manufacturier aura donné de l'ouvrage à un chef d'atelier dépourvu de livre d'acquit pour le métier que le négociant voudra occuper, il sera condamné à payer comptant tout ce que ledit chef d'atelier pourrait devoir en compte de matières, et en compte d'argent jusqu'à cinq cents francs (1).

28. Les déclarations ci-dessus prescrites seront portées par le négociant manufacturier, sur le livre d'acquit resté entre les mains du chef d'atelier, comme sur le sien.

TITRE IV.

DISPOSITIONS DIVERSES.

29. Le conseil de prud'hommes tiendra un registre exact du nombre de métiers existants et du nombre d'ouvriers de tous genres employés dans la fabrique, pour lesdits renseignements être communiqués à la chambre de commerce toutes les fois qu'il en sera requis (2).

—A cet effet, les prud'hommes sont autorisés à faire dans les ateliers une ou deux inspections par

---

pas être tenus des sommes qu'ils auraient payées, soit au chef d'atelier pour son salaire, soit même aux négociants dont la date des créances serait devenue certaine par l'accomplissement des formalités ci-dessus, conformément à l'article précédent.

(1) Cet article contient la sanction de l'art. 25 ci-dessus.

— Comme le plus souvent les difficultés qui naîtront à ce sujet seront entre fabricants, les prud'hommes devront s'abstenir, et renvoyer les plaignants devant les tribunaux ordinaires.

(2) Si le conseil est composé de plusieurs sections, chaque section tiendra le registre qui concernera ses justiciables.

an, pour recueillir les informations nécessaires (1).

30 Les fonctions des prud'hommes négociants-fabricants sont purement gratuites (2).

31. Il sera attaché au conseil de prud'hommes un secrétaire et un commis avec mille francs (3).

32. Toutes les fonctions des prud'hommes et de leur bureau seront entièrement gratuites vis-à-vis des parties; ils ne pourront réclamer, pour les formalités remplies par eux, d'autres frais que le remboursement du papier et du timbre.

33. En cas de plaintes en prévarication portées contre les membres du conseil de prud'hommes, il sera procédé contre eux suivant la forme établie à l'égard des juges (4).

---

(1) Combiner cette disposition avec les art. 64 et 65 du décret de 1809, qui adoptent certaines mesures de précautions au sujet de ces visites.

(2) *V.* art. 32, ci-après.

Ces articles ne font pas obstacle à l'allocation aux prud'hommes, des frais qu'ils font lorsqu'ils remplissent les fonctions d'officiers de police judiciaire auxiliaires du procureur du roi; en conséquence, les art. 88 et 89 du tarif des frais en matière criminelle, du 18 juin 1811, peuvent être utilement invoqués par eux.

(3) *V.* décret de 1809, art. 26, 59, 62 et 63.

(4) Les prud'hommes étant de véritables magistrats, doivent offrir les mêmes garanties de moralité que les autres juges. Or, la prévarication du juge le soumet à une action civile ou à une action criminelle. L'action civile s'appelle en droit, *prise à partie* : c'est l'action que la loi accorde à la partie lésée contre le juge, afin d'obtenir la réparation du tort qu'il lui a causé en abusant de son ministère. Les art. 505 et 506 du Code de procédure régissent la matière.

(*V.* aussi art. 173, 174, 177, 183, 184, 185 du Code pénal.)

La prise à partie contre les prud'hommes se porte devant la Cour royale du ressort. (Art. 509, Code de procédure, et art. 479 et suivants, Code d'instruction criminelle.)

Lorsque la récusation ou la prise à partie a eu lieu à tort, le prud'homme qui en aura été l'objet pourra réclamer des dommages-intérêts. (Argument tiré de l'art. 1382, Code civil, et 398, Code de procédure.)

34 Il pourra être établi par un règlement d'administration publique, délibéré en conseil d'Etat, un conseil de prud'hommes dans les villes de fabriques où le gouvernement le jugera convenable (1).

35. Sa composition pourra être différente selon les lieux; mais ses attributions seront les mêmes.

---

(1) Un règlement d'administration publique est un acte qui émane du pouvoir exécutif; ainsi, un décret sous l'empire, une ordonnance royale aujourd'hui, sont des règlements d'administration publique.

Cet article a reçu une plus grande extension depuis le décret du 11 juin 1809, qui, par son art. 2, attribue aux chambres de commerce et aux chambres consultatives de manufactures, le droit de demander l'établissement d'un conseil de prud'hommes là où elles le jugent convenable. (*V*, art. 2, décret de 1809.) Elles peuvent aussi demander des modifications à l'institution primitive de ces conseils.

DÉCRET IMPÉRIAL

CONTENANT RÈGLEMENT SUR LES CONSEILS DE PRUD'HOMMES.

Du 11 juin 1809.

(*Rectifié par le décret du 20 février 1810.*) (4)

TITRE PREMIER.

COMPOSITION DES CONSEILS DE PRUD'HOMMES; MODE ET ÉPOQUE DU RENOUVELLEMENT DE LEURS MEMBRES.

ARTICLE PREMIER. Les conseils de prud'hommes ne seront composés que de marchands-fabricants, de chefs d'atelier, de contre-maîtres, de teinturiers, ou d'ouvriers patentés. Le nombre de ceux qui en feront partie pourra être plus ou moins considérable: mais, en aucun cas, les chefs d'atelier les contre-maîtres, les teinturiers ou les ouvriers ne seront égaux en nombre aux marchands-fabricants; ceux-ci auront toujours dans le conseil un membre de plus que les chefs d'atelier, les contre-maîtres, les teinturiers ou les ouvriers (2).

---

(1) Ce décret est indifféremment énoncé sous la date de 1809 ou de 1810 , soit dans les documents législatifs postérieurs , soit dans les ouvrages des auteurs qui ont écrit sur la matière. Il nous paraît plus exact d'adopter la première date puisque c'est réellement le 11 juin 1809 qu'il a été promulgué, et que le décret du 20 février 1810 ne l'a rectifié que sur des points tout à fait étrangers à notre sujet. De plus, cette date tend à éviter toute confusion avec deux autres décrets rendus dans la même année 1810.

(2) Le principe établi par l'art. 1er et auquel il ne pourra jamais être dérogé , est, que les conseils seront toujours composés de telle sorte que les marchands-fabricants aient un membre de plus que les chefs d'atelier, les contre-maîtres, les teinturiers ou les ouvriers. Le motif de la loi est d'éviter le

2. Les conseils de prud'hommes seront établis sur la demande motivée des chambres de commerce ou des chambres consultatives de manufactures. Cette demande sera d'abord communiquée au préfet, qui examinera si elle est de nature à être accueillie. Il la transmettra ensuite à notre ministre de l'intérieur, qui, avant de nous en rendre compte, s'assurera si l'industrie qui s'exerce dans la ville est assez importante pour faire autoriser la création du conseil de prud'hommes (1).

3. Les conseils de prud'hommes seront renouvelés en partie chaque année, le premier jour du mois de janvier, dans les proportions qui suivent :

— Si le conseil est composé de cinq membres, il ne sera renouvelé, la première année, qu'un prud'homme marchand-fabricant.

La seconde année, il sera renouvelée un prud'homme marchand-fabricant et un prud'homme chef d'atelier, contre-maître, teinturier ou ouvrier patenté.

La troisième année, idem.

— Si le conseil est composé de sept membres, il

---

partage en nombre égal des membres du conseil appelés à délibérer. Dans la nécessité où elle était d'établir cette imparité, elle a donné la préférence aux fabricants sur les ouvriers, comme offrant plus de garantie par leur savoir et leur fortune. Cette disposition a été vivement critiquée, et il ne nous appartient pas de la discuter de nouveau ; mais nous devons nous empresser de reconnnaître que la supériorité en nombre des fabricants sur les ouvriers n'existera qu'autant que le conseil sera au complet ; or, l'on sait qu'il suffit des deux tiers des membres du conseil pour prononcer jugement, et que la loi n'exige pas que ces deux tiers soient composés d'un nombre de fabricants égal aux ouvriers, plus un ; il arrivera donc que les ouvriers et les fabricants pourront avoir tour à tour la prépondérance dans le conseil.

(Voy. pour la définition des emplois de chef d'atelier, contre-maître, etc. etc., l'art. 1 de la loi de 1806 et la note.)

(1) Voy. l'art. 34 de la loi de 1806. Ce n'est plus le ministre de l'intérieur, mais le ministre du commerce qui s'assure de l'importance de l'industrie.

sera renouvelé, la première année, deux prud'hommes marchands-fabricants et un prud'homme chef d'atelier ou contre-maître, etc.

La deuxième année, un prud'homme marchand-fabricant et un prud'homme chef d'atelier ;

La troisième année, idem.

—Si le conseil est composé de neuf membres, il sera renouvelé, la première année, un prud'homme marchand-fabricant et deux prud'hommes chefs d'atelier ;

La deuxième année, deux prud'hommes marchands-fabricants et un prud'homme chef d'atelier ;

La troisième année, idem.

— Si le conseil est composé de quinze membres, il sera renouvelé, la première année, deux prud'hommes marchands-fabricants et un prud'homme chef d'atelier ;

La deuxième année, trois prud'hommes marchands-fabricants et trois prud'hommes chefs d'atelier ;

La troisième année, idem.

— Le sort désignera ceux des prud'hommes qui seront renouvelés la première et la deuxième année. Dans les autres années, ce seront les plus anciens nommés (1).

---

(1) Cet article suppose un minimum de cinq prud'hommes et un maximum de quinze; il complète donc l'art. 1er de la loi de 1806 qui n'admettait que neuf membres ; il en résulte que le nombre quinze ne pourrait pas être dépassé, sauf au gouvernement à créer, dans les villes importantes, plusieurs conseils, ainsi que l'y autorise la loi de 1806, art 34.

(Voy. aussi art. 21 du présent décret, § 3.)

Dans les nombres 5, 7, 9 et 15 ne sont pas compris les deux suppléants dont parle l'art. 18 du décret.

(Voy. art. 2 de l'ordonnance du 29 déc. 1844, et art. 5 et 6 de la loi de 1806.)

Le conseil, chaque année, sera renouvelé par tiers. — Pour les deux premières années qui suivront sa création, le sort déterminera les membres sortants. L'ancienneté réglera en-

—Les prud'hommes sont toujours rééligibles (1).

TITRE II.

ATTRIBUTIONS ET JURIDICTION DES CONSEILS DE PRUD'HOMMES.

SECTION PREMIÈRE.

Des Attributions des Conseils de Prud'hommes (2).

4. Les conseils de prud'hommes seront chargés de veiller à la conservation et observation des mesures conservatrices de la propriété des marques empreintes aux différents produits de la fabrique (3).

---

suite l'ordre de leur renouvellement, de telle sorte qu'une fois ce roulement établi, les fonctions des prud'hommes puissent durer trois ans (art. 4, loi de 1806).

Quant aux suppléants, l'art. 3 n'en parlant pas, ils ne seront renouvelés qu'après trois ans. (Art. 3, ord. du 29 déc. 1844.)

(1) Par exception à ce qui a lieu pour les tribunaux de commerce, la loi a voulu que les prud'hommes fussent rééligibles; car l'influence qu'ils auront pu acquérir peut être précieuse pour la conciliation. (*Voy.* art. 5 de la loi de 1806.)

(2) *Voy.* pour les autres attributions des prud'hommes, Art. 6 et suiv. de la loi de 1806 sur les Conciliations;— Art. 10 et suiv., même loi, sur les fonctions d'officiers de police auxiliaires du procureur du Roi;— Art. 14 et suiv. de la même loi, sur la conservation des dessins;— Art. 20 et suiv., même loi, sur les conventions entre fabricants et chefs d'atelier;— Art. 29, même loi, et 61 et suiv., du présent décret, sur l'inspection des fabriques;—Et art. 4 du décret du 3 août 1810, sur les délits commis dans les fabriques.

(3) Ce titre envisage les prud'hommes non plus comme revêtus du caractère de juges, mais comme exerçant des attributions déterminées, au nom du pouvoir administratif.

Sous ce point de vue leurs fonctions consistent :

5. Tout marchand-fabricant qui voudra pouvoir revendiquer devant les tribunaux la propriété de

---

1° A assurer la conservation de la propriété des marques de fabriques;

2° A assurer la conservation de la propriété des dessins de fabriques;

3° A vérifier certains draps et étoffes;

4° A présider au règlement des comptes et à la police entre les marchands fabricants et les chefs d'atelier.

5° A inspecter les ateliers;

6° A constater les contraventions aux lois et règlements.

La loi du 22 germinal an XI, art. 16, 17 et 18, avait déjà posé des règles pour la conservation des marques; mais la surveillance en était laissée à la police. Depuis cette époque, le présent décret l'a confiée aux prud'hommes par notre art. 4.

On divise les marques en marques générales et en marques spéciales. Les prud'hommes ne sont chargés que des mesures conservatrices des premières, mais ils jugent les questions de propriété et de contrefaçon de quelques-unes de celles qui sont comprises dans la deuxième catégorie. (*Voy.* Décret du 5 sept. 1810, sur les marques de quincaillerie. *Voy.* aussi art. 12 ci-après.) Encore faut-il dans ce dernier cas que la contrefaçon ait eu lieu par usurpation de marque. — Ils seraient incompétents pour connaître de la contrefaçon par usurpation de nom. (Arrêt d'Aix, du 5 août 1842, Sirey, tom. XLIII, 2. 137.)

Les marques sont un signe emblématique quelconque qu'adoptent les fabricants selon leur convenance, pour les appliquer soit sur la marchandise qu'ils fabriquent, soit sur l'enveloppe qui renferme cette marchandise (Mollot, n° 435). On peut ajouter : et qui a pour objet de faire connaître leur maison, et la qualité et le prix de leurs produits, aux marchands et aux consommateurs.

La législation sur les marques a varié; on n'est pas d'accord aujourd'hui sur son application. A n'en pas douter, la contrefaçon ne résulte pas des faits prévus par l'art. 17 de la loi de germinal an XI. Cet article consacrait une erreur que n'a point rectifiée le Code pénal (art. 142), mais sur laquelle le législateur est revenu dans la loi du 28 juillet 1824. Les art. 1 et 2 de cette loi sont ainsi conçus :

Art. 1er.—*Quiconque aura, soit apposé, soit fait apparaître par addition, retranchement, ou pour une altération quelconque, sur des objets fabriqués, le nom d'un fabricant autre que celui qui en est l'auteur, ou la raison commerciale d'une fa-*

sa marque, sera tenu d'en adopter une assez dis-tincte des autres marques, pour qu'elles ne puissent être confondues et prises l'une pour l'autre (1).

---

brique autre que celle de la fabrication, sera puni des peines portées en l'art. 423 du Code pénal, sans préjudice des dommages-intérêts s'il y a lieu. Tout marchand, commisionnaire ou débitant quelconque sera passible des effets de la poursuite, lorsqu'il aura sciemment exposé en vente ou mis en circulation les objets marqués de noms supposés ou altérés.

Art. 2. — L'infraction ci-dessus mentionnée cessera, en conséquence, et nonobstant l'art. 17 de la loi du 22 germinal an xi, d'être assimilé à la contrefaçon des marques particulières prévue par les art. 142 et 143 du Code pénal.

Ainsi, ce que l'art. 17 de la loi de germinal prenait pour la contrefaçon des marques n'était que l'usurpation d'un nom, délit qui, aux termes de l'art. 423 du Code pénal, n'est puni que d'une peine correctionnelle, tandis que la contrefaçon des marques rend le contrefacteur justiciable de la Cour d'assises et le soumet à l'application des art. 140 et 142 du même Code.

La Cour de cassation, par un arrêt du 22 janvier 1807, a jugé qu'il ne peut y avoir lieu à une poursuite de faux, qu'autant que les marques choisies par des manufacturiers ou artisans ont été falsifiées, et que ces marques ont été ensuite appliquées à des objets sortis d'une manufacture autre que la leur.

La contrefaçon résulte donc de la confection d'une marque dont un autre est déjà propriétaire, ou d'instruments pareils à ceux à l'aide desquels les fabricants apposent leur marque, et de l'usage de cette marque ou de ces instruments.

Si la marque contrefaite était étrangère, comme la loi française n'a pas eu pour but de garantir la propriété des marques étrangères, il n'y aurait pas le délit de contrefaçon prévu par la loi, à moins qu'il n'existe des traités. (*Voy.* art. 16 et 17 de la loi de germinal et les notes.

(*Voy.* Jugement du tribunal correctionnel de Blois, du 7 mars 1845, *Journal le Droit* du 10 mars suivant.)

En général les marques sont facultatives, c'est-à-dire que chaque fabricant a le droit de chosir la sienne; cependant il y en a qui sont spécialement désignées par la loi, comme celles des fabricants de quincaillerie et de coutellerie, de savons, de draps et d'étoffes. (*Voy.* décret du 5 septembre 1810. *Voy.* aussi Faustin Hélie, *Théorie du Code pénal*, 3e vol., p. 249 et suiv.)

(1) La marque du fabricant est sa propriété; nul autre ne

6 Les conseils de prud'hommes réunis sont arbitres de la suffisance ou insuffisance de différence entre les marques déjà adoptées et les nouvelles qui seraient déjà proposées, ou même entre celles déjà existantes ; et, en cas de contestation, elle sera portée au tribunal de commerce, qui prononcera après avoir vu l'avis du conseil de prud'hommes (1).

7. Indépendamment du dépôt ordonné par l'article 18 de la loi du 18 germinal an XI, au greffe du tribunal de commerce, nul ne sera admis à inten-

---

peut s'en servir ni même l'imiter. Un fabricant de bonne foi doit même chercher à créer une marque aussi dissemblable que possible de celles qui existent déjà. (*Voy.* arrêt de Cass. du 28 mai 1822, Sirey, tom. XXII, 1.337.)

L'apposition de la marque d'une fabrique étrangère ne constitue point une propriété exclusive au profit du fabricant français, car ce n'est pas par elle que se distingue sa fabrique. (*Voy.* arrêt de la cour de Paris, du 26 mars 1822. Sirey, tom. XXIII, 2.56.)

(1) De ce que les prud'hommes réunis n'auront pas contesté la suffisance ou l'insuffisance de la marque déposée, il ne s'en suivra pas que la propriété de cette marque ne puisse être plus tard contestée au déposant devant les tribunaux compétents. En effet, les prud'hommes ne sont qu'arbitres de la suffisance ou de l'insuffisance, c'est-à-dire qu'ils ne décident que la question de savoir s'il y a lieu d'admettre ou de ne pas admettre le dépôt de la marque proposée ; à leur égard la question de propriété de cette marque demeure toujours réservée. Mais devant le tribunal de commerce, auquel le conseil aurait renvoyé l'affaire, il pourrait en être tout différemment : — Ainsi, le débat s'élève-t-il entre le déposant et le tribunal, c'est seulement de la suffisance ou de l'insuffisance de la marque qu'il s'agit, comme devant les prud'hommes. — Mais le débat a-t-il lieu au contraire entre le déposant et un fabricant qui prétend que la marque dont le dépôt est demandé ressemble trop à la sienne, c'est la question de propriété que le tribunal décide. Toutefois, le jugement est susceptible d'appel, le tribunal de commerce étant considéré comme le premier degré de juridiction, du moment que les prud'hommes n'ont pu statuer qu'en qualité d'arbitres. (Arrêt du 18 fév. 1834.)

(*Voy.* art. 12 du présent décret.)

ter action en contrefaçon de sa marque, s'il n'a en outre déposé un modèle de cette marque au secrétariat du conseil des prud'hommes (1).

8. Il sera dressé procès-verbal de ce dépôt sur un registre en papier timbré, ouvert à cet effet, et qui sera *coté et paraphé par le conseil des prud'hommes*. Une expédition de ce procès-verbal sera remise au fabricant, pour lui servir de titre contre les contre-facteurs (2).

9. S'il était nécessaire, comme dans les ouvrages de quincaillerie et de coutellerie, de faire empreindre la marque sur des tables particulières, celui à qui elle appartient paiera une somme de six francs entre les mains du receveur de la commune. Cette somme, ainsi que toutes les autres qui seraient comptées pour le même objet, seront mises en réservé, et destinées à faire l'acquisition des tables et à les entretenir (3).

---

(1) La loi veut bien garantir la conservation de la propriété de la marque, mais il faut qu'elle ait en main la preuve de cette propriété. Elle oblige donc le fabricant à déposer un modèle de sa marque tant au greffe du tribunal de commerce qu'au secrétariat du conseil. (*Voy.* art. 15 de la loi de 1806, et art. 3 et 4 du décret du 5 sep. 1810.)

Si ces dépôts n'ont pas eu lieu, le fabricant ne pourra pas se plaindre de la contrefaçon ; mais la contrefaçon ne l'empêche pas de remplir la formalité du dépôt, et de porter plainte aussitôt après. (Arrêt de Cass. 28 mai 1822, Sirey, tom. XXII, 1. 337.)

(2) *Voy.* art. 16 de la loi de 1806.

Coté et paraphé par le conseil des prud'hommes, pour : coté et paraphé par le président ou le vice-président du conseil.

(3) *Voy.* art. 5, 6 et 7 du décret du 5 sept. 1810. — Le plus souvent le fabricant déposera une pièce qui contiendra l'empreinte de sa marque.

SECTION DEUXIÈME.

De la Juridiction des Conseils de Prud'hommes.

10. Nul ne sera justiciable des conseils de prud'-
hommes, s'il n'est marchand-fabricant, chef d'atelier, contre-maître, teinturier, ouvrier, compagnon ou apprenti (1) : Ceux-ci cesseront de l'être,
dès que les contestations porteront sur des affaires
autres que celles qui sont relatives à la branche
d'industrie qu'ils cultivent, et aux conventions dont
cette industrie aura été l'objet. Dans ce cas, ils s'a-
dresseront aux juges ordinaires (2).

---

(1) La juridiction des prud'hommes, telle qu'elle est établie
par les articles qui vont suivre, n'est pas complète. Il faut se
reporter à l'art. 6 de la loi de 1806, — à l'art. 23 du présent
décret, — à l'art. 2 du décret du 3 août 1810, qui fixent la compétence des prud'hommes comme conciliateurs et comme juges
civils; et aux titres 2 des décrets des 3 août et 5 sept., qui les
constituent juges correctionnels en matière de contrefaçon de
marques, et juges de simple police pour ce qui concerne l'ordre
et la discipline des ateliers.

(2) *Voy.* pour l'application des mots chefs d'atelier, contre-
maîtres, etc., etc., la note de l'art. 1er de la loi de 1806.

Le compagnon est l'ouvrier qui travaille sous les ordres d'un
chef d'atelier ou d'un ouvrier à façon, lequel est, en quelque
sorte, maître ouvrier. (Mollot, n° 256.)

L'article est limitatif; il ne comprend donc, ni les marchands
en gros et en détail, ni les artisans, commis, etc., etc.

Il faut que la contestation soit relative à la même branche
d'industrie que cultivent le fabricant et l'ouvrier. (Arrêt de
Rouen, 25 fév. 1811, Sirey, tom. xi, 2,233.)

Arrêt de Cass. du 19 fév. 1833. Sirey, tom. xxxiii, 1.471.
　　Id.　　　　11 nov. 1834. Sirey, tom. xxxiv, 1.689.
　　Id.　　　　12 déc. 1836. Sirey, tom. xxxviii, 1.412.
　　Id.　　　　1er avril 1840. Sirey, tom. xl, 1.605.
Arrêt de la Cour d'Aix, 11 juin 1840. Journal du Palais.
　　Id.　　　de Douai, 15 oct. 1843. Journal du Palais.

Mais il se pourrait que l'un des deux ne cultivât plus cette industrie au moment de la demande. Il suffit alors que la cause
du litige ait pris naissance à une époque où ils exerçaient tous
les deux la même industrie.

11. La juridiction des conseils de prud'hommes s'étend sur tous les marchands-fabricants, les chefs d'atelier , contre-maîtres , teinturiers., ouvriers , compagnons et apprentis travaillant pour la fabrique du lieu ou du canton de la situation de la fabrique, suivant qu'il sera exprimé dans les décrets particuliers d'établissement de chacun de ces conseils à raison des localités, quel que soit l'endroit de la résidence desdits ouvriers (1).

12. Les conseils de prud'hommes ne connaîtront que comme arbitres, des contestations entre fabricants ou marchands pour les marques, comme il est dit art. 6 ; et, entre un fabricant et ses ouvriers contre-maîtres, des difficultés relatives aux opérations de la fabrique (2).

Nous avons déjà vu que la contestation qui s'élève éntre deux fabricants n'est pas de la compétence des prud'hommes. (Arrêt de Cass., tom. xxv, 1.403.)

Le conseil ne serait pas plus compétent pour statuer sur une contestation entre fabricants et ouvriers, si l'un des contestants appartenait à une industrie qui ne fût pas représentée dans le conseil. (Arrêt de Cass. 19 fév. 1833, Sirey, tom. xxxiii, 1.471.)

Il en serait de même, si l'un des contestants, ou l'appelé en garantie, est étranger à l'industrie. (Arrêt de Cass. 11 nov. 1834, Sirey, tom. xxxiv. 1.689.)

(1) En général l'ordonnance qui crée un conseil de prud'-hommes, fixe l'étendue de son ressort. Mais si elle ne statuait pas à cet égard, l'art. 11 n'a rien d'assez précis pour en exclure les fabriques qui seraient situées dans un canton voisin ; il suffit qu'elles ne soient pas trop éloignées et qu'elles dépendent de l'arrondissement judiciaire du tribunal de commerce qui doit statuer sur l'appel des décisions rendues par le conseil des prud'hommes.

L'ouvrier comme le fabricant est justiciable des prud'hommes, quoique son domicile soit en dehors de leur ressort, du moment que la fabrique à laquelle il appartient est placée dans ce ressort : en un mot, la compétence du conseil se fixe d'après la situation de la fabrique : une fabrique qui aura concouru à la nomination des prud'hommes doit nécessairement être soumise à leur juridiction.

(2) On voit que les prud'hommes ne jugent pas les contes-

TITRE III.

MODE DE NOMINATION ET D'INSTALLATION DES PRUD'HOMMES.

13. Les prud'hommes seront élus dans une assemblée générale tenue à cet effet : cette assemblée sera convoquée huit jours à l'avance par le préfet, présidée par lui ou par celui des fonctionnaires publics de l'arrondissement qu'il désignera.

14. Tout marchand fabricant, tout chef d'atelier, tout contre-maître, tout teinturier, tout ouvrier désigné dans la loi du 18 mars 1806, qui voudra voter dans l'assemblée, sera tenu de se faire inscrire sur un registre à ce destiné, qui sera ouvert à l'hôtel-de-ville. Nul ne sera inscrit que sur la présentation de sa patente : les faillis seront exclus (1).

---

tations qui s'élèvent sur les marques, mais qu'ils cherchent à concilier d'abord, et, s'ils ne le peuvent pas, à donner leur avis comme de simples arbitres. Il y a une seule exception à cette règle, et elle a pour objet les marques particulières de quincaillerie. (*Voy.* art. 9 du décret du 5 sept. 1810.)

L'avis des prud'hommes est envoyé ensuite au tribunal de commerce, lequel ne juge qu'en premier ressort. (Arrêt du 18 fév. 1834.)

La fin de l'article est obscure; il semble, en effet, d'après sa rédaction, que les prud'hommes ne doivent également connaître, que comme arbitres, des contestations entre fabricants et ouvriers relatives aux opérations de la fabrique, ce qui serait en opposition avec l'art. 6 de la loi de 1806 et l'art. 23 du présent décret, surtout si par *opérations de fabriques*, on entend les conventions qui se forment à raison de ces opérations.

(1) Les conditions pour être électeur sont plus simples encore que pour être éligibles (*Voy.* les art. 3 de la loi de 1806, et art. 17 du présent décret). D'après la lettre de notre article, il suffit d'avoir une patente et de n'être point failli. — A ces deux conditions, cependant, il convient d'ajouter celles qui domi-

15. Pour la première année seulement de la création du conseil, le maire dressera la liste des votants qui seront seuls admis à l'assemblée (1).

16. En cas de contestation sur le droit d'assistance à l'assemblée. soit cette année, soit les années suivantes, il sera statué par le préfet, sauf le recours à notre conseil d'Etat (2).

17. Il sera nommé par le préfet ou par celui des fonctionnaires publics qu'il aura désigné pour présider l'assemblée, un sécretaire et deux scrutateurs. L'élection des prud'hommes sera faite au scrutin individuel, à la majorité absolue des suf-

---

nent toutes les autres quand il s'agit de l'exercice de droits publics, à savoir : d'être citoyen français, c'est-à-dire d'être né ou naturalisé français ; d'avoir 25 ans accomplis et de n'être ni interdit, ni domestique à gages. — A l'égard des étrangers, nous pensons que ceux qui auraient été admis à établir leur domicile en France, conformément à l'art. 13 du Code civil, pourraient concourir aux élections, mais ne seraient pas éligibles tant qu'ils n'auraient pas été naturalisés. (*Voy.* Constitution de l'an VIII.)

Dans tous les cas , la qualité d'électeur s'établit par la seule présentation de la patente ; c'est à celui qui conteste l'exercice des droits attachés à cette qualité, à administrer la preuve des faits qu'il allègue.

Le préfet est juge des contestations relatives aux élections; cependant , il serait incompétent pour décider les questions d'état que pourraient soulever ces contestations. (Art. 16 du présent décret.)

(1) Cet article n'est pas de droit rigoureux, ainsi que l'a prouvé M. le préfet de la Seine, lorsqu'il a convoqué pour les élections qui viennent d'avoir lieu à Paris, tous les citoyens possédant les conditions énumérées à l'article précédent.

(2) Comme la loi ne fixe pas de délai pour contester l'inscription sur les listes électorales, il pourra arriver que la contestation s'élève au sein même de l'assemblée. Dans ce cas, le bureau devra de suite dresser procès-verbal de la contestation, et adresser ce procès-verbal au préfet, qui statuera en conseil de préfecture. Provisoirement , le bureau décidera si l'électeur dont l'admission est contestée, peut ou non voter.

frages (1): Nul ne pourra être élu s'il n'a trente ans accomplis (2).

18. Afin de remplacer les prud'hommes qui viendraient à mourir ou à donner leur démission pendant l'exercice de leurs fonctions, il sera nommé deux suppléants, dont l'un sera choisi parmi les marchands fabricants, et l'autre parmi les chefs d'atelier, les contre-maîtres, les teinturiers ou les ouvriers patentés (3).

19. L'élection terminée, il en sera dressé procès-verbal, qui sera déposé à la mairie. L'assemblée ne pourra délibérer, ni s'occuper d'aucune autre chose que de l'élection (4).

20. Les prud'hommes prêteront, entre les mains du préfet ou du fonctionnaire public qui le remplacera, serment d'obéissance aux lois, de fidélité à l'Empereur, et de remplir leurs devoirs avec zèle et intégrité (5).

---

(1) Le secrétaire et les deux scrutateurs devront être pris parmi les électeurs.

La majorité absolue, c'est la moité des votants plus un.

Par scrutin individuel, on entend qu'on ne nommera qu'un seul prud'homme à la fois.

(2) *Voy.* l'art. 3, loi de 1806, qui exige en outre six années d'exercice dans la profession *actuelle* et la condition de n'être pas failli. *Voy.* aussi art. 14 ci-dessus et la note.

(3) L'article ne cite que deux cas de remplacement qui sont le décès et la démission; il faut y ajouter l'empêchement légitime, expressément prévu par l'art. 3 de l'ord. du 29 déc. 1844.

(4) En principe, tout électeur a le droit d'attaquer la validité de l'élection, il doit donc en être de même pour les élections des prud'hommes. Seulement comme la loi spéciale ne s'explique pas à ce sujet, il faut recourir à l'art 52 de la loi du 21 mars 1831, sur l'organisation municipale, et décider, que la réclamation faite en assemblée, sera consignée sur le procès-verbal, ou devra être déposée dans le délai de cinq jours à la préfecture ou à la mairie, si elle n'a pas été faite en assemblée.

(5) La nouvelle formule du serment, laquelle remplace celle de notre article, a été présentée par la loi du 31 août-2 septembre 1830; elle est ainsi conçue : — « Je jure fidélité au Roi des

TITRE VI.

DU BUREAU PARTICULIER ET DU BUREAU GÉNÉRAL DES PRUD'HOMMES.

21. Le bureau particulier des prud'hommes sera composé de deux membres dont l'un sera marchand fabricant, et l'autre chef d'atelier, contre-maître, teinturier ou ouvrier patenté.

— Dans les villes où le conseil est de cinq ou de sept membres, ce bureau s'assemblera tous les deux jours, depuis onze heures du matin jusqu'à une heure.

— Si le conseil est composé de neuf ou de quinze membres, le bureau particulier tiendra tous les jours une séance qui commencera et finira aux mêmes heures (1).

22. Les fonctions du bureau particulier sont de concilier les parties : s'il ne peut, il les renverra devant le bureau général (2).

23. Le bureau général se réunira une fois par semaine au moins. Il prendra connaissance de toutes les affaires qui n'auraient pu être terminées par la voie de conciliation, quelle que soit la quotité de la somme dont elles seraient l'objet ; mais ses

---

Français, obéissance à la Charte constitutionnelle et aux lois du royaume.» Chaque prud'homme ajoutera, conformément à notre article : « et de remplir mes devoirs avec zèle et intégrité. »

(*Voy.* art. 196 et 197 Code pénal.)

(1) Cette disposition a paru trop arbitraire ; — l'ord. du 29 déc. 1844, art. 6, § 2, laisse au conseil le droit de faire lui-même son règlement, sauf l'approbation du ministre du commerce.

(2) *Voy.* art. 6, 7, 8 et 9, loi de 1806, et la note.

Voy. aussi art. 36 ci-après.

jugements ne seront définitifs qu'autant qu'ils porteront sur des différends qui n'excéderont pas soixante francs en principal et en accessoires. Dans tous autres cas, il sera libre d'en appeler (1).

24. Le bureau général ne pourra prendre de délibérations que dans une séance où les deux tiers au moins de ses membres se trouveront présents.

— Ses délibérations seront formées par l'avis de la majorité absolue des membres présents (de la moitié plus un). (2)

25. Il sera nommé par le bureau général des prud'hommes un président et un vice-président. — Ce président et ce vice-président ne seront en exercice que pendant une année, à l'expiration de laquelle il sera procédé à une nouvelle élection. L'un et l'autre sont toujours rééligibles (3).

---

(1) En principe, le conseil connaît de toutes les contestations quelle qu'en soit l'importance, mais ses jugements ne sont définitifs qu'autant que le différend sur lequel ils portent n'excède pas une certaine somme. Cette somme serait ici de soixante francs, en principal et accessoires, c'est-à-dire, d'une somme telle que le capital joint aux intérêts et frais réclamés n'excédât pas soixante francs. Cet article confirme donc l'art. 9 de la loi de 1806 ; mais tous les deux se trouvent modifiés aujourd'hui par l'art. 2 du décret du 3 août 1810. (*Voy.* cet article pour plus grande explication.)

Sur la question de savoir si c'est le chiffre de la demande ou celui de la condamnation qui détermine si le jugement rendu est en premier ou en dernier ressort, *Voy.* la note de l'art. 2 du décret du 3 août 1810, et la consultation insérée au Moniteur des conseils de prud'hommes, 1ᵉ année, p. 29.

(2) Quand il y aura partage, le bureau devra s'adjoindre un ou plusieurs membres et entendre de nouveau les explications des parties. On comprend qu'il puisse y avoir partage dans les conseils dont les deux tiers formeront un nombre pair. (*Voy.* la note de l'art. 1ᵉʳ ci-dessus.)

(3) Il faut interpréter l'art. 25 par l'art 24, c'est-à-dire que la nomination du président et du vice-président devra être faite par les deux tiers au moins des membres composant le conseil et à la majorité absolue.

26. Il sera attaché au bureau général des prud'-hommes un secrétaire, pour avoir soin des papiers et tenir la plume pendant leurs séances; il sera nommé à la majorité absolue des suffrages: il pourra être révoqué à volonté; mais, dans ce cas, la délibération devra être signée par les deux tiers des prud'hommes (1).

27. Les jugements rendus par le bureau général des prud'hommes, lorsque les parties n'auront pu être conciliées par le bureau particulier, seront mis à exécution vingt quatre heures après la signification, *et provisoirement*, sauf l'appel devant le tribunal de commerce, ou, à défaut de tribunal de commerce, devant le tribunal de première instance (2).

Les suppléants appelés à remplacer les titulaires pourront voter.

En l'absence du président et du vice-président, le doyen d'âge présiderait.

(1) Le secrétaire fait l'office de greffier, il concourt avec le président à donner l'authenticité aux actes qu'il est chargé de délivrer; il prête serment; il peut être réputé concussionnaire. De tous ces faits il résulte qu'il est fonctionnaire public. (*Voy.* ci-après art. 27, 29, 34, 37, 40, 45, 46, 52, 53, 55, 58, 59, 62, 63, — Art. 4 du décret du 3 août 1810, — Art. 11 du décret du 5 sept. 1810, — Et art. 10 à 13 de la loi de 1806.)

(2) D'après l'article, tout jugement rendu par le conseil des prud'hommes est exécutoire par provision, nonobstant appel.

En principe, l'appel des jugements est suspensif, par la raison qu'on ne peut mettre à exécution, sans causer un préjudice souvent irréparable, ce qui peut être réformé par une juridiction supérieure. Cependant, la loi établit une exception pour les jugements rendus par les conseils de prud'hommes, comme elle en a établi une pour les jugements rendus par les juges de paix, à cause du peu d'importance de l'objet en litige. Or, d'après notre article, tout jugement émané du conseil serait exécutoire nonobstant appel; et, comme les prud'hommes connaissent de toute contestation à quelque somme qu'elle s'élève, sauf appel, il en resulterait que l'exécution provisoire pourrait avoir lieu pour des sommes quelquefois très importantes, ce qui est contraire au droit commun. Aussi cette disposition a-t-elle été modifiée par l'art. 39 ci-après, et par l'art. 3 du décret du 3 août 1810, qui font une distinction entre les con-

Ils seront signés par le président ou le vice-président, et contre-signés par le secrétaire. Ils seront signifiés à la partie condamnée par un huissier qui sera attaché au conseil des prud'hommes (1).

28. Dans les cas urgents, les conseils de prud'hommes, de même que les bureaux particuliers, pourront ordonner telles mesures qui seront jugées nécessaires, pour empêcher que les objets qui

---

damnations inférieures à 300 fr., et celles qui excèdent cette somme. — Dans le premier cas, l'exécution provisoire a lieu nonobstant appel; mais dans le second, l'exécution provisoire ne peut avoir lieu qu'après que la partie qui a obtenu le jugement a fourni caution.

La caution sera solvable; c'est là sa première condition, à ce point que si la partie qui a obtenu gain de cause, justifiait d'une solvabilité suffisante, elle pourrait être dispensée par le conseil de fournir caution. (Argument des art. 417 et 439 du Codede procédure civile, relatifs à la procédure devant les tribunaux de commerce.)

Le conseil est juge des contestations qui s'élèveraient sur la caution, laquelle sera fournie sans aucune autre formalité que sa soumission au secrétariat ou même devant le conseil. (Argument de l'art. 14, loi du 25 mai 1838, sur les juges de paix, et des art. 440 et 441, Code de procédure.)

Ici se place une double question : Les prud'hommes peuvent-ils prononcer la contrainte par corps? leurs jugements emportent-ils hypothèque? — S'il est établi que les prud'hommes sont de véritables magistrats, il ne peut y avoir de doute; leurs décisions auront alors la même force et la même valeur exécutoire que les jugements des juges de paix. Or, le caractère de magistrat ne peut leur être contesté depuis l'arrêt de la Cour de cassation du 6 mars 1845, qui les reconnaît comme tels dispensés du service de la garde nationale. (Journal le Droit du 3 avril 1845.) Ils ont donc le pouvoir de prononcer la contrainte par corps, en vertu de la loi commune à laquelle aucune loi spéciale n'a dérogé, et leurs décisions, qui portent dans la loi spéciale le titre de jugements, emportent hypothèque. (Code civil, art. 2117, 2123. — Mollot, n° 342.)

(1) L'article n'entend pas parler de la minute du jugement, mais de son expédition. (*Voy.* pour les formalités de la minute les art. 40 du présent décret, et 17 du Code de procédure.)

Les jugements des prud'hommes sont rendus en la forme

donnent lieu à une réclamation ne soient enlevés, ou déplacés, ou détériorés (1).

TITRE V.

DES CITATIONS.

29. Tout marchand-fabricant, tout chef d'atelier, tout contre-maître, tout teinturier, tout ouvrier, compagnon ou apprenti, appelé devant les prud'hommes, sera tenu, sur une simple lettre de leur secrétaire, de s'y rendre en personne, au jour et à l'heure fixés (2), sans pouvoir se faire remplacer,

---

ordinaire. (*Voy.* art. 141 et 146 du Code de procédure.—*Voy.* aussi l'art. 139 du même Code, applicable au secrétaire qui délivrerait une expédition avant que la minute du jugement eût été régularisée.)

L'enregistrement des jugements doit avoir lieu dans les quatre jours qui en suivront le prononcé, et selon les conditions suivantes : — 1° gratis, si l'objet de la contestation n'excède pas en total 25 fr.; — 2° moyennant le droit réglé pour les actes de la justice de paix, si l'objet de la contestation dépasse 25 fr.;—3° moyennant le droit fixe de 1 fr., s'il n'y a pas énonciation de la somme faisant la matière du différend. Ces principes sont également applicables aux significations, citations, procès-verbaux et autres actes. (*Voy.* loi du 22 frim. an VII, et instruction générale du ministre des finances du 20 juin 1809, n° 437.)

(1) Ils pourront en ordonner l'apport au secrétariat du conseil, ou prendre telle mesure qu'ils jugeront convenable, comme le séquestre, la nomination d'un gardien judiciaire, la mise sous les scellés, un état descriptif des objets. La loi laisse aux prud'hommes la plus grande latitude à cet égard.

(2) La *simple lettre* emportera citation aussi bien devant le bureau particulier que devant le bureau général. — Cette lettre ne peut pas emporter citation immédiate, il faut un jour franc entre le jour de la citation et celui de la comparution.(Argument tiré de l'art. 31 ci-après.)

hors le cas d'absence ou de maladie : alors seulement il sera admis à se faire représenter par l'un de ses parents, négociant ou marchand exclusivement, porteur de sa procuration (1).

30. Si le particulier qui aurait été invité par le secrétaire à se rendre au bureau particulier ou au bureau général des prud'hommes ne paraît point, il lui sera envoyé une citation, qui lui sera remise par l'huissier attaché au conseil (2). Cette citation qui contiendra la date des jour, mois et an, les nom, profession et domicile du demandeur, les nom et demeure du défendeur, énoncera sommairement les motifs qui le font appeler.

---

(1) L'article ne cite que deux cas d'empêchement qui sont : l'absence ou la maladie, mais il n'est pas limitatif. Ainsi, le conseil est souverain appréciateur des motifs qui empêchent la comparution et qui peuvent lui permettre d'épargner les frais d'une citation par huissier à celui qui ne comparaît pas. Seulement, ces motifs devront être établis par le fondé de pouvoir du non-comparant. A ce sujet, la fin de l'article indique les personnes qui peuvent être admises à en représenter une autre; mais on comprend encore qu'il ne peut y avoir là de limitation possible, l'ouvrier étant quelquefois loin de son pays, sans parents, et ne connaissant pas toujours un négociant ou un marchand qui veuille bien le représenter. Tout ce que la loi a voulu c'est que des gens d'affaires ne pussent pas intervenir et rendre toute conciliation impossible.

(*Voy.* art. 32 du présent décret, et art. 7 de la loi de 1806.)

Ce que nous disons du défendeur non comparant doit s'appliquer également au demandeur.

Quant à la procuration dont doit être porteur le mandataire, elle n'a pas besoin d'être enregistrée. Il serait bien dur, en effet, d'exiger une pareille dépense d'un ouvrier malade, si l'on pense surtout que l'enregistrement ne donne point d'authenticité à l'acte et ne certifie nullement l'identité du représenté.

Un mandat purement verbal suffirait au besoin si l'ouvrier cité ne savait pas écrire.

(2) La loi ne veut pas dire que l'exploit de citation doive être remis à la personne même de celui qui est cité; sans doute elle le désire autant que possible, mais en cas d'absence, l'huissier se conformerait aux art. 4 et 68 du Code de procé-

31. La citation sera notifiée au domicile du défendeur; et il y aura un jour au moins entre celui où elle aura été remise et le jour indiqué pour la comparution, si la partie est domiciliée dans la distance de trois myriamètres; si elle est domiciliée au delà de cette distance, il sera ajouté un jour pour trois myriamètres.

—Dans le cas où les délais n'auraient pas été observés, si le défendeur ne paraît point, les prud'hommes ordonneront qu'il lui soit envoyé une nouvelle citation. Alors les frais de la première citation seront à la charge du demandeur (1).

TITRE VI.

DES SÉANCES DU BUREAU PARTICULIER ET DU BUREAU GÉNÉRAL DES PRUD'HOMMES, ET DE LA COMPARUTION DES PARTIES.

32. Au jour fixé par la lettre du secrétaire ou par la citation de l'huissier, les parties comparaîtront devant le bureau particulier des prud'hommes, sans pouvoir être admises à faire signifier aucunes défenses (2).

33 Elles seront tenues de s'expliquer avec modération et de se conduire avec respect : si elles ne le

dure civile. (*Voy.* la note de l'art. 27 ci-dessus, sur l'enregistrement des jugements.)

(1) Il s'agit d'un jour franc : on ne compte ni le jour de la citation ni celui de la comparution. Ainsi, une personne citée le 1er janvier ne serait tenue de comparaître que le 3. (*Voy.* art. 5 et 1033, Code de procédure.)

(2) *Voy.* art. 29 ci-dessus, note 2, et art. 7, loi de 1806.— On entend par *défenses*, les motifs sur lesquels on se fonde pour repousser la prétention de son adversaire. Dans la pratique, on dit *conclusions*.

font point, elles seront d'abord rappelées à leurs devoirs par un avertissement du prud'homme marchand-fabricant (1). En cas de récidive, le bureau particulier pourra les condamner à une amende qui n'excédera pas dix francs, avec affiches du jugement dans la ville où siége le conseil.

34. Dans le cas d'insulte ou d'irrévérence grave, le bureau particulier en dressera procès-verbal, et pourra condamner celui qui s'en sera rendu coupable, à un emprisonnement dont la durée ne pourra excéder trois jours (2).

35. Les jugements, dans les cas prévus par les deux articles précédents, seront exécutoires *par provision* (3).

36. Les parties seront d'abord entendues contradictoirement. Le bureau particulier ne négligera rien pour les concilier : s'il ne peut y parvenir, il les renverra, ainsi qu'il est dit à l'article 22, devant le bureau général qui statuera sur-le-champ (4).

---

(1) Cette disposition est la seule qui indique que le prud'homme fabricant a la direction des débats.

(2) Sans préjudice de l'application des art. 222 et 223 du Code pénal, s'il y a lieu, et de l'art. 13 de la loi du 26 mai 1819, sur la diffamation par la presse. (*Voy.* art. 11, Code de procédure.)

(3) *Par provision*, veut dire nonobstant appel; c'est une exception au principe de l'art. 173 du Code d'instruction criminelle qui déclare l'appel suspensif. L'appel devra être formé devant le tribunal de police correctionnelle dans un délai de dix jours (et non point devant le tribunal de commerce, car il s'agit ici, comme dans l'art. 4 du décret du 3 août 1810, d'affaires de police auxquelles ne peuvent être applicables les art. 6 et 9 de la loi de 1806, — 17 et 38 du présent décret, — et 2 du décret du 3 août 1810, qui tous n'ont évidemment en vue que des affaires civiles. — Néanmoins, on comprend combien cet appel sera illusoire, puisqu'il ne sera presque toujours jugé qu'après que la condamnation aura été subie, notre article ordonnant l'exécution provisoire. (*V.* art. 174, Code d'inst. crim.)

Les trois articles qui précèdent concernent également le bureau général.

(4) Pour arriver à la conciliation, le bureau pourra se trans-

37. Lorsque l'une des parties déclarera vouloir s'inscrire en faux, déniera l'écriture ou déclarera ne pas la reconnaître, le président du bureau général lui en donnera acte ; il paraphera la pièce et renverra la cause devant les juges auxquels en appartient la connaissance (1).

38. L'appel des jugements des conseils de prud'hommes ne sera pas recevable après les trois mois de la signification faite par l'huissier attaché à ces conseils (2).

39. Les jugements des conseils de prud'hommes, jusqu'à concurrence de trois cents francs, seront exécutoires par provision, nonobstant l'appel, et sans qu'il soit besoin, par la partie qui aura ob-

---

porter dans la fabrique afin de vérifier la sincérité des allégations faites par chacune des parties. (*Voy.* art. 46 ci-après et 22 ci-dessus, et Code de procédure, art. 13.)

(1) Le conseil se trouvant ainsi dessaisi de l'affaire, il sera sursis à statuer jusqu'à ce que la question de faux soit jugée.

L'inscription de faux est l'acte par lequel une personne déclare au greffe et offre de prouver, que le titre qu'on lui oppose est faux ou falsifié. Le faux se poursuit devant la Cour d'assises, mais on peut se borner à demander la nullité de la pièce fausse devant la juridiction civile. (*Voy.* art. 14 et 214 et suiv., Code de procédure.)

Lorsqu'il s'agit d'un acte sous seing-privé, qu'on refuse de reconnaître, il y a lieu seulement à une vérification d'écritures devant le tribunal civil. (*Voy.* art. 193 et suiv., même Code.)

(2) L'appel se forme devant le tribunal de commerce de l'arrondissement où siége le conseil qui a rendu le jugement dont est appel, et, à défaut de tribunal de commerce, devant le tribunal de première instance qui le remplace. (*Voy.* art. 9 de la loi de 1806, et art. 16, Code de procédure.)

Il n'est admis que contre les jugements rendus en premier ressort, c'est à-dire contre les jugements rendus sur des contestations dont l'objet s'élève à plus de 100 fr., et cela, quelle que soit la qualification qu'on leur ait donnée. (Art. 27 ci-dessus, et 2 du décret du 3 août 1810.)

Si le jugement est par défaut, l'appel ne sera recevable qu'après l'expiration du délai pour l'opposition. (Art. 455, Code de procédure.)

tenu gain de cause, de fournir caution (1).

40. Les minutes de tout jugement seront portées par le secrétaire sur la feuille de la séance, signées par les prud'hommes qui auront été présents, et contresignées par lui (2).

TITRE VII.

DES JUGEMENTS PAR DÉFAUT, ET DES OPPOSITIONS A CES JUGEMENTS.

41. Si au jour indiqué par la lettre du secrétaire ou par la citation de l'huissier, l'une des parties ne comparaît pas, la cause sera jugée par défaut, sauf l'envoi d'une nouvelle citation dans les cas prévus au dernier paragraphe de l'art. 31 (3).

------

(1) *Voy.* pour l'explication, l'art. 27 du présent décret et la note. Cette disposition est répétée et complétée par l'art. 3 du décret du 3 août 1810.

(2) La minute doit être signée dans les vingt-quatre heures du jugement. (Règlement du 30 mars 1808.) Le sera-t-elle par tous les prud'hommes, ou par le président seulement? L'art. 40 est en contradiction à cet égard avec l'art. 27. Il faut donc les combiner avec l'art. 138 du Code de procédure, et dire qu'il suffira d'exprimer le nom des prud'hommes siégeants et que le président pourra signer seul la feuille d'audience, laquelle sera contresignée par le secrétaire.

Le secrétaire est soumis aux obligations imposées aux greffiers des juges de paix, à l'effet de tenir un registre d'audience en papier timbré, et de porter jour par jour sur un répertoire les actes qui d'après l'art. 49 de la loi du 22 frim. an VII, doivent y être inscrits. Ils jouissent de la faveur que l'art. 37 de la loi sur l'enregistrement accorde aux greffiers, relativement aux droits qui n'ont pas été avancés par les parties, et sont admis à délivrer les extraits que cet article prescrit. (*Voy.* Instruction du ministre des finances, du 20 juin 1809, n° 437.)

(3) Ici est applicable l'art. 151 du Code de procédure ainsi

42. La partie comdannée par défaut pourra former opposition dans les trois jours de la signification faite par l'huissier du conseil. Cette opposition contiendra sommairement les moyens de la partie, et assignation au premier jour de séance du conseil de prud'hommes, en observant toutefois les délais prescrits pour les citations; elle indiquera en même temps les jour et heure de la comparution, et sera notifiée ainsi qu'il est dit ci-dessus (1).

---

conçu : *Lorsque plusieurs parties auront été citées pour le même objet à différents délais, il ne sera pris défaut contre aucune d'elles qu'après l'échéance du plus long délai.*

Il en est de même de l'art. 153, duquel il résulte : que si l'une des parties se présente et l'autre ou les autres font défaut, un jugement par défaut est rendu contre elles, lequel leur est signifié avec réassignation; de sorte que, si elles ne se présentent pas sur cette nouvelle assignation, le second jugement est réputé contradictoire et elles ne peuvent plus y former opposition, mais appel, conformément à l'art. 2 du décret du 3 août 1810.

(1) Nul doute que l'opposition ne puisse être formée avant toute signification du jugement par défaut. C'est même un moyen d'arrêter cette signification devenue inutile, puisque par son opposition, le défaillant prouve qu'il a eu connaissance du jugement.

Mais si la signification a lieu, le défaillant n'a qu'un délai de trois jours, non compris celui de la signification, pour former opposition.

Cet article est une dérogation au droit ordinaire qui admet l'opposition jusqu'à l'exécution du jugement. (Art. 158, Code de procédure.)

Il est de règle que l'opposition suspend l'exécution du jugement; mais nous pensons avec M. Mollot, que le § 2 de l'art. 155 du Code de procédure est applicable ici; il est ainsi conçu : *Pourront aussi les juges, dans le cas seulement où il y aurait péril en la demeure, ordonner l'exécution nonobstant l'opposition, avec ou sans caution; ce qui ne pourra se faire que par le même jugement.*

Est aussi applicable dans l'espèce, l'art. 455 du même Code : *Les appels des jugements susceptibles d'opposition ne seront point recevables pendant la durée du délai pour l'opposition.*

43. Si le conseil des prud'hommes sait par lui-même ou par les représentations qui lui seront faites par les proches, voisins ou amis du défendeur, que celui-ci n'a pu être instruit de la contestation, il pourra, en adjugeant le défaut, fixer pour le délai de l'opposition le temps qui lui paraîtra convenable ; et dans le cas où la prorogation n'aurait été ni accordée d'office, ni demandée, le défaillant pourra être relevé de la rigueur du délai, et admis à opposition, en justifiant qu'à raison d'absence ou de maladie grave, il n'a pu être instruit de la contestation (1).

44. La partie opposante qui se laisserait juger une seconde fois par défaut ne sera plus admise à former une nouvelle opposition (2).

Le délai d'appel pour les jugements par défaut, court du jour où l'opposition n'est plus recevable. (Art. 443, Code procédure.)

Les jugements par défaut rendus par les prud'hommes ne sont pas périmés après six mois, faute d'exécution, comme ceux des tribunaux civils et des tribunaux de commerce. (Arrêt de Cass., du 13 sept. 1809 qui le décide en ce sens pour les jugements par défaut des juges de paix.)

Voy. Code de procédure, art. 19, 20, 21 et 22.

(1) Au principe posé dans l'art. 42, l'art. 43 admet une exception fondée sur l'ignorance de la contestation. — Le conseil est souverain appréciateur des motifs de cette ignorance; nous pensons même que le défaillant pourrait être relevé de la rigueur du délai, encore bien qu'il eût été instruit de la contestation, et l'article le suppose lorsqu'il prévoit le cas de maladie : on peut être malade en effet et ne pas ignorer la contestation, seulement le conseil devra être plus difficile.

(2) Une fois le second défaut prononcé, le conseil ne pourrait pas admettre l'excuse fondée sur l'ignorance, comme dans l'article précédent. En effet, le jugement est devenu définitif, il vaut un jugement contradictoire, il y a titre acquis au profit du demandeur qui peut en requérir l'exécution, conformément à l'art. 3 du décret du 3 août 1810. Le seul recours est l'appel.

De ce que le jugement par défaut est devenu définitif par un second jugement, ou par ce qu'il n'a pas été formé opposition dans les trois jours de la signification, il faut conclure que rien ne manque à sa perfection et qu'il n'est pas susceptible de pé-

TITRE VIII.

DES JUGEMENTS QUI NE SONT PAS DÉFINITIFS, ET DE LEUR EXECUTION (1).

45. Les jugements qui ne seront pas définitifs, ne seront point expédiés quand ils auront été rendus contradictoirement et prononcés en présence des parties.

— Dans le cas où le jugement ordonnerait une opération à laquelle les parties devraient assister, il indiquera le lieu, le jour et l'heure; et la prononciation vaudra citation (2).

---

remption, comme en matière ordinaire, faute d'avoir été exécuté dans les six mois. En effet, l'exécution a pour but l'opposition ou l'acquiescement; or, à quoi servirait une opposition puisque l'art. 44 la déclare non recevevable? A quoi servirait un acquiescement puisque le jugement est devenu contradictoire? Cette décision se fonde, en outre, sur un argument *à fortiori* tiré de l'arrêt de la Cour de Cassation du 13 sept. 1809, énoncé dans la note de l'art. 42 ci-dessus.

(1) On dit qu'un jugement n'est pas définitif quand il est *provisoire*, *préparatoire* ou *interlocutoire*.

Il est *provisoire*, quand il ordonne une mesure d'urgence;

Il est *préparatoire*, lorsque sans rien préjuger sur le fond, il ordonne une enquête, ou un acte quelconque d'instruction;

Il est dit *interlocutoire*, lorsqu'il laisse prévoir la décision des juges sur le fond.

Au contraire, il est définitif, quand il termine la contestation, qu'il soit en premier ou dernier ressort, c'est-à-dire, qu'il y ait lieu à appel ou non.

(2) Cela ne veut point dire que les jugements doivent être nécessairement expédiés s'ils n'ont pas été rendus contradictoirement, et s'ils n'ont pas été prononcés en présence des parties. En effet, il s'agit ici d'un jugement préparatoire, le fond est réservé et le conseil croit devoir se transporter dans l'atelier ou ordonner le dépôt de l'ouvrage ou de la marchandise en li-

46. Toutes les fois qu'un ou plusieurs prud'-
hommes jugeront devoir se transporter dans une
manufacture ou dans des ateliers, pour apprécier,
par leurs propres yeux, l'exactitude de quelques
faits qui auraient été allégués, ils seront accompagnés de leur sécretaire, qui apportera la minute du
jugement préparatoire (1).

---

tige au secrétariat. Si toutes les parties sont présentes, il est
clair qu'il est inutile de leur signifier le jugement qui leur ap-
prendra ce qu'elles connaissent déjà, à savoir que tel jour, à
telle heure, le conseil se transportera à tel atelier, ou qu'elles
devront apporter tel objet au secrétariat ou à l'audience. —
Mais si l'une d'elles, le défendeur par exemple, fait défaut, s'en-
suivra-t-il qu'il fraudra nécessairement lui signifier le jugement
préparatoire? Non; le conseil peut savoir qu'en se transpor-
tant à l'atelier, il y trouvera le défaillant qui lui donnera ses
explications. — Le conseil n'ordonnera donc la levée et la signification du jugement que s'il le juge nécessaire. Ce qui nous
confirme dans cette opinion, c'est la fin de l'article qui n'est
pas la conséquence directe de la première partie de cet article.

Mais s'il s'agissait d'un jugement interlocutoire, c'est-à-dire
d'un jugement qui préjuge le fond, la signification en devien-
drait nécessaire, afin que le défaillant pût former opposition ou
appel. (*Voy.* Code de procédure, art. 28 à 31.)

(1) Il faudra que l'affaire soit grave, car un pareil déplace-
ment exigera nécessairement la rédaction d'un jugement préparatoire et par suite l'enregistrement de ce jugement. — L'article dit : *que toutes les fois qu'un ou plusieurs prud'hommes
jugeront devoir se transporter,* ils seront accompagnés de leur
secrétaire qui apportera la minute du jugement préparatoire.
Cette mesure indique qu'il s'agit ici d'une enquête; il faut donc
que le secrétaire soit présent pour recueillir les témoignages et
les dires des parties à la suite de la minute du jugement préparatoire. Mais lorsqu'il ne s'agira que d'une simple vérification, le bureau particulier ou le conseil, surséoira à statuer sur
le fond, et déléguera un de ses membres pour faire cette vérification; celui-ci n'aura donc pas besoin d'être accompagné du
secrétaire, et l'art. 46 ne sera pas violé.

Dans ce dernier cas, il pourra arriver, si le membre délégué
est un prud'homme-fabricant, que l'ouvrier ne soit pas content
de ce choix; de même, si c'est un prud'homme-ouvrier, que le
fabricant croie également devoir se plaindre : le conseil fera
bien alors de déléguer deux de ses membres, l'un fabricant,

47. Il n'y aura lieu à l'appel des jugements préparatoires qu'après le jugement définitif, et conjointement avec l'appel de ce jugement; mais l'exécution des jugements préparatoires ne portera aucun préjudice aux droits des parties sur l'appel, sans qu'elles soient obligées de faire à cet égard aucune protestation ni réserve (1).

TITRE IX.

DES ENQUÊTES.

48. Si les parties sont contraires en faits de nature à être constatés par témoins, et dont le conseil de prud'hommes trouve la vérification utile et admissible, il ordonnera la preuve, et en fixera précisément l'objet (2).

---

l'autre ouvrier; mais si c'est le bureau particulier qui statue, les deux membres qui le composent pourront se transporter tous les deux sur les lieux. Dans ce cas, le secrétaire ne pourra pas se dispenser d'accompagner le bureau.

Le conseil peut-il nommer un expert hors de son sein? Rien ne s'y oppose. (*Voy.* Mollot, n°ˢ 379 et 380.)

(1) Il n'y a aucune distinction à faire dans l'espèce entre les jugements préparatoires et interlocutoires. Cette distinction, utile devant les tribunaux civils, est sans intérêt devant les conseils de prud'hommes, qui doivent autant que possible s'en tenir aux formes de procédure établies par la loi spéciale, et ne pas chercher à les compliquer. (*Voy.* Mollot, n°ˢ 381 et 382.)

(2) La preuve par témoins est limitée en droit civil par l'art. 1341 du Cod. civ., à la somme de 150 francs. Passé cette somme. elle est donc inadmissible. A ce principe, les art. 1347 et 1348 établissent deux exceptions, savoir :

Art. 1347. *Les règles ci-dessus reçoivent exception lorsqu'il existe un commencement de preuve par écrit. On appelle ainsi tout acte par écrit qui est émané de celui contre lequel la de-*

49. Au jour indiqué, les témoins, après avoir dit

---

mande est formée, ou de celui qu'il représente, et qui rend vrai-
semblable le fait allégué.

Art. 1348. *Elles reçoivent encore exception toutes les fois*
qu'il n'a pas été possible au créancier de se procurer une preuve
littérale de l'obligation qui a été contractée envers lui.— Cette
seconde exception s'applique, —1° Aux obligations qui naissent
des quasi-contrats et des délits ou quasi-délits. (Voy. art. 1371
et 1382, Code civil.) — 2° Aux dépôts nécessaires faits en cas
d'incendie, ruine, tumulte ou naufrage, et à ceux faits par les
voyageurs en logeant dans une hôtellerie, le tout suivant la
qualité des personnes et les circonstances du fait. — 3° Aux
obligations contractées en cas d'accidents imprévus, où l'on ne
pourrait pas avoir fait des actes par écrit. — 4° Au cas où le
créancier a perdu le titre qui lui servait de preuve littérale, par
suite d'un cas fortuit, imprévu et résultant d'une force majeure.

Tous ces principes de droit commun doivent être observés
par les prud'hommes.

Mais si la contestation est commerciale, c'est-à-dire, si les
deux parties sont commerçantes, et que le fait dont il s'agit
ait pour cause le commerce de l'une ou de l'autre; ou bien, si
les deux parties ou l'une d'elles n'étant pas commerçante, ce
même fait constitue un acte de commerce de l'une d'elles, la
preuve par témoins est admissible, quelle que soit la somme
(art. 109, Code de commerce); seulement le conseil, dans le
cas où l'objet de la contestation dépasse 150 francs, a le droit
de décider s'il y a lieu à l'admission de cette preuve. Les contestations commerciales s'élèveront le plus souvent entre le
fabricant et ses ouvriers, et les contestations civiles, entre les
ouvriers. Dans ce dernier cas, la preuve par témoins sera d'autant plus facilement admise, que l'influence sur les témoins est
moins à craindre d'un ouvrier en contestation avec un autre ouvrier, et que, du reste, il s'agira souvent d'une somme de moins
de 150 francs; tandis qu'au premier cas, si la contestation est
commerciale et existe entre le fabricant et son ouvrier, et surtout si la preuve doit se faire contre l'ouvrier, les prud'hommes
devront être très réservés dans l'admission de cette preuve, à
cause de l'influence presque inévitable du fabricant sur les témoins, et surtout aussi à cause de l'importance de la somme
qui pourra être supérieure à 150 francs.

Du moment qu'il est permis à l'une des parties de produire
des témoins, l'autre a par cela même le droit de produire les
siens.

(*Voy.* art. 34 à 40, Code de procédure, et art. 252 et suiv.,
même Code.)

leurs noms, profession, âge et demeure, feront le serment de dire la vérité, et déclareront s'ils sont parents ou alliés des parties, et à quel degré, et s'ils sont leurs serviteurs ou leurs domestiques (1).

50. Ils seront entendus séparément, hors comme en la présence des parties, ainsi que le conseil l'avisera bien : les parties seront tenues de fournir leurs reproches avant la déposition, et de les signer; si elles ne le savent ou ne le peuvent, il en sera fait mention (2).

51. Les parties n'interrompront point les témoins. Après la déposition, le président du conseil des prud'hommes pourra, sur la réquisition des parties, et même d'office, faire aux témoins les interpellations qu'il jugera convenables.

52. Dans les causes sujettes à l'appel, le secrétaire du conseil dressera procès-verbal de l'audition des témoins : cet acte contiendra leurs noms, prénoms, âge, profession et demeure, leur serment de dire la vérité, leur déclaration s'ils sont parents, alliés, serviteurs ou domestiques des parties, et les reproches qui auraient été fournis contre eux. Lecture de ce procès-verbal sera faite à chaque témoin, pour la partie qui le concerne; il signera sa déposition, ou mention sera faite qu'il ne sait ou ne peut signer. Le procès-verbal sera en outre signé par le président du conseil, et contresigné par le secré-

---

(1) Les témoins se présenteront à l'audience sur l'invitation des parties, ou, si le conseil l'ordonne, par lettre du secrétaire. Comme la loi spéciale n'inflige aucune pénalité aux témoins qui ne comparaissent pas, nous ne pensons pas qu'il soit nécessaire en cas de refus de les faire citer par huissier.

(2) Avant toute audition de témoins, les parties sont tenues de présenter leurs reproches, c'est-à-dire les motifs qu'elles pourraient avoir de suspecter la sincérité des dépositions. Le secrétaire mentionnera ces reproches sur le procès-verbal dont parlent les art. 52 et 53 ci-après, et les fera signer par celui qui les aura faits. Après quoi le conseil décidera s'il y a lieu de les admettre ou de passer outre à l'audition des témoins. (*Voy.* art. 283 du Code de procédure.)

taire. Il sera procédé immédiatement au jugement, ou au plus tard à la première séance.

53. Dans les causes de nature à être jugées en dernier ressort, il ne sera point dressé de procès-verbal; mais le jugement énoncera les noms, âge, profession et demeure des témoins, leur serment, leur déclaration s'ils sont parents, alliés. serviteurs ou domestiques des parties, les reproches et le résultat des dépositions (1).

TITRE X.

DE LA RÉCUSATION DES PRUD'HOMMES.

54. Un ou plusieurs prud'hommes pourront être récusés (2) :

— 1° Quand ils auront un intérêt personnel à la contestation;

— 2° Quand ils seront parents ou alliés de l'une des parties jusqu'au degré de cousin germain inclusivement;

—3° Si, dans l'année qui a précédé la récusation,

---

(1) Il est facile de comprendre la différence qui existe entre l'art. 52 et l'art. 53. Si l'affaire est sujette à appel, il faut dresser procès-verbal de tout ce qui s'est passé à l'audience, afin que l'affaire arrive tout instruite aux seconds juges; si, au contraire, l'affaire n'est pas sujette à appel, le procès-verbal est inutile et le jugement énoncera seulement ce qui est indispensable.

(2) La récusation est l'acte par lequel une partie, qui craint que la décision du juge ne soit dictée par un sentiment d'intérêt ou d'affection, demande que ce juge s'abstienne de connaître d'une affaire portée devant lui.

Les causes de récusation des prud'hommes sont les mêmes que celles établies par le Code de procédure à l'égard des juges de paix. (Art. 44 à 47, Code de procédure.)

il y a eu *procès criminel* entre eux et l'une des parties ou son conjoint, ou ses parents et alliés en ligne directe ;

— 4° S'il y a procès civil existant entre eux et l'une des parties ou son conjoint (1) ;

—5° S'ils ont donné un avis écrit dans l'affaire.

55. La partie qui voudra récuser un ou plusieurs prud'hommes, sera tenue de former la récusation et d'en exposer les motifs par un acte qu'elle fera signifier au secrétaire du conseil, *par le premier huissier requis* (2). L'exploit sera signé, sur l'original et la copie, par la partie ou son fondé de pouvoir. La copie sera déposée sur le bureau du conseil, et communiquée immédiatement au prud'homme qui sera récusé.

56. Le prud'homme sera tenu de donner au bas de cet acte, dans le délai de deux jours, sa déclaration par écrit, portant ou son acquiescement à la récusation, ou son refus de s'abstenir, avec ses réponses aux moyens de récusation (3).

57. Dans les trois jours de la réponse du prud'-homme qui refuse de s'abstenir, ou faute par lui

---

(1) *Procès criminel*, il faut ajouter *ou correctionnel.* — Il est bon de remarquer la différence que fait la loi entre le procès criminel et le procès civil. Au premier cas, il faut qu'une année se soit écoulée pour que le prud'homme ne puisse pas être récusé. — Au second, il suffit que le procès civil soit terminé au moment de la récusation. — Les motifs de cette distinction viennent de ce que le procès criminel laissant des impressions plus vives que le procès civil, la loi craint que ces impressions n'empêchent les prud'hommes de rendre une justice aussi impartiale, si le temps n'a pas été assez long pour les effacer.

(2) *Par le premier huissier requis,* et non pas nécessairement par l'huissier du conseil, attendu que les parties pourraient craindre que cet huissier, placé sous son influence, ne s'acquittât pas fidèlement de sa mission.

(3) Aussitôt la récusation signifiée au secrétaire du conseil, le prud'homme récusé doit s'abstenir jusqu'à ce que le tribunal de commerce ait statué.

3

de répondre, une expédition de l'acte de récusation et de la déclaration du prud'homme, s'il y en a, sera envoyée par le président du conseil au président du tribunal de commerce dans le ressort duquel le conseil est situé. La récusation y sera jugée en dernier ressort dans la huitaine, sans qu'il soit besoin d'appeler les parties (1).

TITRE XI.

DES SOMMES QUI SERONT PAYÉES AUX SECRÉTAIRES DES CONSEILS DE PRUD'HOMMES, AUX GREFFIERS DES TRIBUNAUX DE COMMERCE ET AUX HUISSIERS.

58. Les parties pourront toujours se présenter volontairement devant les prud'hommes pour être conciliées par eux : dans ce cas, elles seront tenues de déclarer qu'elles demandent leurs bons offices. Cette déclaration sera signée par elles, ou mention en sera faite, si elles ne savent signer. Il ne sera rien payé pour cet objet (2).

59. Il sera payé aux secrétaires des conseils de prud'hommes les sommes suivantes :

—Pour la lettre d'invitation de se rendre
   au conseil, trente centimes, ci.   » f. 30 c.

—Pour chaque rôle d'expédition qu'ils dé-

___

(1) Si le prud'homme récusé refuse de s'abstenir, le conseil ne sera pas juge de la récusation comme l'est le tribunal civil, mais les pièces seront envoyées au tribunal de commerce, qui statuera en dernier ressort. (*Voy.* art. 47, 394 et 395, Code de procédure.)

(2) Cet article n'est pas à sa place, il ne devrait pas se trouver en tête d'un titre de tarif.

Il pourra arriver que la conciliation n'ait pas lieu, alors procès-verbal sera dressé comme pour les autres cas, et l'affaire

livreront et qui contiendra vingt lignes   fr.   c.
à la page et dix syllabes à la ligne, quarante centimes, ci.   40

—Pour l'expédition du procès-verbal qui
constatera que les parties n'ont pu être
conciliées, et qui ne doit contenir qu'une
mention sommaire qu'elles n'ont pu
s'accorder, quatre-vingts centimes, ci.   » 80

—Pour l'expédition du procès-verbal qui
constatera le dépôt du modèle d'une
marque, trois francs, ci.   3   »

60. Il est alloué les sommes suivantes :
—Au greffier du tribunal de commerce,
pour l'expédition du procès verbal qui
constatera le dépôt du modèle d'une
marque, trois francs, ci.   3   »

—A l'huissier attaché au conseil des prud'-
hommes, pour chaque citation, un franc
vingt-cinq centimes, ci.   1 25

—Au même, pour la signification d'un jugement, un franc soixante-quinze centimes, ci   1 75

—S'il y a une distance de plus d'un demi-
myriamètre entre la demeure de l'huissier et le lieu où devront être remises la
citation et la signification, il sera payé
par myriamètre, aller et retour :
—Pour la citation, un franc soixante-quinze
centimes, ci.   1 75
—Pour la signification, deux francs, ci. - 2 fr.
—Pour la copie des pièces qui pourra être

---

sera renvoyée au bureau de jugement; car les parties en se présentant d'elles-mêmes ont voulu abréger seulement les délais
de la citation, mais n'ont pas entendu enlever au conseil le
droit qu'il a de juger.

Il en serait autrement si les parties qui se sont présentées
devant le conseil n'étaient pas justiciables de ce conseil. (*Voy.*
art. 1003 et suiv. du Code de procédure.)

donnée avec les jugements rendus, il
sera payé à l'huissier, par chaque rôle
d'expédition de vingt lignes à la page et
de dix syllabes à la ligne, vingt centimes, ci. » 20

61. Il sera taxé aux témoins entendus par les
conseils de prud'hommes, une somme équivalente à une journée de travail, même à une double
journée si le témoin a été obligé de se faire remplacer dans sa profession. Cette taxation est laissée
à la prudence des conseils et des maires.

— Si le témoin n'a pas de profession, il lui sera
taxé deux francs (1).

— Il ne lui sera pas passé de frais de voyage, s'il
est domicilié dans le canton où il est entendu ; s'il
est domicilié hors du canton et à une distance de
plus de deux myriamètres et demi du lieu où il fera
sa déposition, il lui sera alloué, autant de fois,
une somme double de journée de travail, ou une
somme de quatre francs, qu'il y aura de fois cinq
myriamètres de distance entre son domicile et le
lieu où il aura déposé.

62. Au moyen de la taxation dont il est question
dans les art. 59, 60 et 61, les frais de papier, de registre et d'expédition, seront à la charge des secré-

---

(1) La taxe devra-t-elle être faite par le conseil tout entier
ou par l'un des prud'hommes seulement? M. Mollot pense que
l'art. 277 du Code de procédure n'est pas applicable ici, et il se
fonde sur le silence du présent décret. Cet art. dit : « *Si le*
« *témoin requiert taxe, elle sera faite par le juge-commissaire*
« *sur la copie de l'assignation et elle vaudra exécutoire* ».
Mais ce n'est pas la première fois que nous allons puiser au
Code de procédure les dispositions qui viennent à l'appui de
l'interprétation de notre texte. Tout ce qui tend à simplifier la
procédure du conseil nous l'admettons, de même que nous re-
jetons tout ce qui tendrait à la compliquer, ou à augmenter
les frais, ou enfin à créer une pénalité. Il est donc plus simple
de décider ici qu'un des prud'hommes sera délégué par le
conseil pour faire la taxe, et, au lieu de ces mots : *juge-com-*
missaire, de l'art. 277 ci-dessus, il faut lire : *par l'un des prud'-*

taires des conseils de prud'hommes et des greffiers des tribunaux de commerce (1).

63. Tout secrétaire de conseils de prud'hommes, tout greffier de tribunaux de commerce, tout huissier, convaincu d'avoir exigé une taxe plus forte que celle qui leur est allouée, sera puni comme concussionnaire (2).

TITRE XII.

DISPOSITIONS GÉNÉRALES.

SECTION PREMIÈRE.

De l'Inspection des Prud'hommes dans les ateliers, et du livret dont les ouvriers doivent être pourvus.

64. L'inspection dans les ateliers, autorisée par l'art. 29, tit. IV, de la loi du 18 mars 1806, n'aura lieu qu'après que le propriétaire de l'atelier aura été prévenu deux jours avant celui où les prud'hommes devront se rendre dans son domicile; celui-ci est tenu de leur donner un état exact du

---

hommes désigné à cet effet. Cette taxe ainsi faite, sera exécutoire contre la partie à la requête de laquelle le témoin aura été cité.

(1) Il est bien entendu que les frais de timbre et d'enregistrement seront remboursés en sus de ces allocations.

(2) La concussion est le crime que commet un officier public, un homme revêtu d'une autorité quelconque, en exigeant de ceux qui dépendent de son ministère, des droits plus forts que ceux que les règlements lui ont attribués.

La peine applicable en cas de concussion est pour les fonctionnaires ou officiers publics de 5 à 10 ans de réclusion; pour leurs commis ou préposés, de 2 à 3 ans de prison, indépendamment d'une amende qui varie du douzième au quart des

nombre de métiers qu'il y a en activité et des ouvriers qu'il occupe (1).

65. L'inspection des prud'hommes a pour objet unique, d'obtenir des informations sur le nombre de métiers et d'ouvriers ; et, en aucun cas, ils ne peuvent en profiter pour exiger la communication des livres d'affaires, et des procédés nouveaux de fabrication que l'on voudrait tenir secrets.

66. Si, pour effectuer leur inspection, les prud'hommes ont besoin du concours de la police municipale, cette police est tenue de leur fournir tous les renseignements et toutes les facilités qui sont en son pouvoir.

67. Les conseils de prud'hommes ne peuvent s'immiscer dans la délivrance des livrets dont les ouvriers doivent être pourvus aux termes de la loi du 22 germinal an XI. Cette attribution est exclusivement réservée aux maires ou à leurs adjoints (2).

SECTION DEUXIÈME.

Du Local où seront placés les Conseils de Prud'hommes, et des frais qu'entraînera la tenue de leurs séances (3).

68. Le local nécessaire au conseil des prud'hom-

---

restitutions et des dommages-intérêts. (*Voy*. art. 174 du Code pénal, et 505 et 625 du Code de procédure.)

(1) Cet article et le suivant modifient l'art. 29 de la loi de 1806.

(2) *Voy*. loi du 22 germ. an XI, art. 12 et 13, et l'arrêté du gouvernement du 9 frim. an XII, qui règlent la matière des livrets.

Voy. aussi l'art. 3 de la loi de 1806 qui charge les prud'hommes de la délivrance des livres d'acquits aux chefs d'atelier.

(3) Ces dépenses sont reconnues obligatoires par l'art. 30, § 19 de la loi du 18 juillet 1837, sur l'administration municipale.

mes, pour la tenue de leurs séances, sera fourni par les villes où ils seront établis.

69. Les dépenses de premier établissement seront pareillement acquittées par ces villes; il en sera de même des dépenses ayant pour objet le chauffage, l'éclairage et les autres menus frais.

70. Le président du conseil des prud'hommes présentera chaque année, au maire, l'état des dépenses désignées dans l'article ci-dessus : celui-ci les comprendra dans son budget; et lorsqu'elles auront été approuvées, il en ordonnera le paiement, d'après les demandes particulières qui lui seront faites.

DÉCRET IMPÉRIAL

CONCERNANT LA JURIDICTION DES PRUD'HOMMES.

Du 3 août 1810.

TITRE PREMIER.

DE LA JURIDICTION DES PRUD'HOMMES POUR LES INTÉRÊTS CIVILS.

ARTICLE PREMIER. Les conseils de prud'hommes sont autorisés à juger toutes les contestations qui naîtront entre les marchands-fabricants, chefs d'atelier, contre-maîtres, ouvriers, compagnons et apprentis, quelle que soit la quotité de la somme dont elles seraient l'objet, aux termes de l'art. 23 de notre décret du 11 juin 1809 (1).

2. Leurs jugements seront définitifs et sans ap-

---

(1) Ce décret doit être considéré comme le complément du décret qui le précède ; cependant les termes dans lesquels il a été rédigé donnent lieu à plusieurs difficultés. Ainsi dans l'art. 1ᵉʳ, il faut entendre par ces mots : *toutes les contestations*, les contestations seulement qui sont relatives à l'industrie que cultivent les contestants, et encore faut-il que cette industrie soit la même. (*Voy.* art. 10 du décret de 1809 et la note.)

Et par ces mots : *qui naîtront entre les marchands-fabricants, chefs d'atelier*, etc., etc., il faut entendre que le conseil sera compétent, non pas pour juger les contestations qui s'élèveront entre marchands-fabricants, mais pour juger celles qui s'élèveront soit entre marchands-fabricants *et* chefs d'atelier, contre-maîtres, ouvriers, compagnons et apprentis, soit entre chefs d'atelier, contre-maîtres, ouvriers, etc., etc. (*Voy.* art. 6 de la loi de 1806 et art. 10, 11 et 23 du décret de 1809.)

On sait, toutefois, que les prud'hommes sont compétents pour connaître des différends qui divisent les fabricants entre eux à l'occasion des marques et dessins. (*Voy.* art. 16 de la loi de germ., art. 11 de la loi de 1806, et art. 4 et suiv. du décret de 1809.)

pel, si la condamnation n'excède pas cent francs en
capital et accessoires (1).

---

(1) Le droit d'interjeter appel se trouve ainsi restreint,
dans l'intérêt même de l'industrie, et afin de terminer plus
promptement les différends qui divisent les fabricants et les
ouvriers, ou les ouvriers entre eux, et surtout aussi pour épargner aux uns et aux autres des frais que l'espérance d'un succès
en appel pourrait les engager à faire.

Une difficulté se présente sur la saine interprétation de l'article 2 du décret dont il s'agit : « *Leurs jugements*, dit le texte,
*seront définitifs et sans appel, si la condamnation n'excède
pas cent francs en capital et accessoires* ». Or, il peut arriver,
par exemple, que le différend ait pour objet une somme de
deux cents francs, et que cependant la condamnation qui interviendra n'excède pas cent francs. Dans cette hypothèse, le
jugement sera-t-il définitif, c'est-à-dire sans appel? Évidemment non, malgré la lettre même du texte, car notre article n'a
eu pour but que de restreindre le droit d'appel, et d'augmenter la compétence des prud'hommes; mais il n'a nullement entendu faire exception au droit commun, et le droit commun
nous apprend que c'est le chiffre de la demande et non celui
de la condamnation qui décide la question de savoir si le jugement doit être rendu en premier ou en dernier ressort : A cet
égard les principes sont constants. Cette opinion se trouve
confirmée par les termes de l'art. 9 de la loi de 1806, et de l'art.
23 du décret de 1809, ainsi conçus : *Tout différend portant*
sur une somme supérieure à celle de 60 francs, ou : Les jugements ne seront définitifs qu'autant qu'ils porteront *sur des
différends* qui n'excéderont pas 60 fr.

On objecte, il est vrai, que dans l'intérêt des ouvriers, il est
infiniment préférable que le chiffre de la demande ne détermine pas l'appel, parce que s'il en était autrement, les maîtres
ne manqueraient pas dans leur demande s'ils étaient deman-
deurs, ou reconventionnellement s'ils étaient défendeurs, d'é-
lever ce chiffre de manière à se réserver le recours de l'appel,
recours qui serait trop souvent ruineux pour l'ouvrier; mais on
oublie qu'en croyant ainsi protéger l'ouvrier, on lui nuit, au
contraire, puisqu'on lui enlève gratuitement le bénéfice et la
garantie d'une seconde juridiction. Si le système que nous
combattons pouvait jamais prévaloir, les prud'hommes auraient
exactement le droit de rendre à leur volonté des jugements en
premier ou en dernier ressort, puisque pour cela, il leur suffirait d'élever ou d'abaisser le chiffre de la condamnation. Toutes
ces raisons sont puisées dans les principes du droit, lequel,

—Au-dessus de cent francs, ils seront sujets à l'appel devant le tribunal de commerce de l'arrondis-

---

nous le répétons, n'admet pas que la compétence des tribunaux se trouve limitée d'une manière invariable par le montant de la condamnation, mais bien par le chiffre de la demande.

On objectera peut-être que le conseil des prud'hommes est une juridiction exceptionnelle, et qu'à ce titre, il lui est permis de s'écarter des principes du droit commun. Mais est-ce à dire que les autres juridictions également exceptionnelles qui existent pourraient ainsi fixer elles-mêmes les limites de leur compétence? Ne serait-ce pas, au reste, se créer à plaisir des difficultés inextricables? Ainsi, pour n'en citer qu'un seul exemple, quant aux termes de l'art. 52 du décret de 1809, il s'agira de dresser un procès-verbal d'audition de témoins, dans les causes sujettes à appel, comment connaîtra-t-on qu'il y a lieu de rédiger ce procès-verbal si l'on ne peut savoir à l'avance et par conséquent avant le jugement qui contiendra le chiffre de la condamnation, que la cause est susceptible d'appel.

C'est donc à tort que se fondant sur les termes de notre article 2, qui à coup sûr n'a pas entendu abroger les art. 9 de la loi de 1806 et 23 du décret de 1809, le tribunal de commerce d'Elbéuf a décidé, le 12 nov. 1841, que le jugement d'un conseil de prud'hommes était justement qualifié en dernier ressort, attendu que le *chiffre de la condamnation* n'excédait pas cent francs.

—Voyez l'opinion contraire soutenue dans une consultation insérée au *Moniteur des conseils de prud'hommes*, page 29, 1ʳᵉ année.

— Voyez également le jugement du tribunal de commerce d'Elbeuf, même page.

Mais complétons nos explications à ce sujet. Si le défendeur prétend à son tour que celui qui l'attaque est son débiteur, en d'autres termes, s'il est reconventionnellement demandeur, le montant de la seconde réclamation ne pourra pas être joint au montant de la première pour déterminer le droit d'appel; le chiffre le plus élevé de l'une des deux demandes fixera seul ce droit.

De même, si l'on demande des dommages-intérêts, on n'en réunira pas le chiffre à celui de la demande principale; ce sera le lieu d'appliquer l'art. 2, § 3, de la loi du 11 avril 1838 sur les tribunaux civils de première instance. Les dommages-intérêts ainsi réclamés à la suite d'une demande principale ne rentreront donc pas dans les termes du texte « *capital et accessoi-*

sement, et, à défaut de tribunal de commerce, devant le tribunal civil de première instance (1).

3. Les jugements des conseils de prud'hommes, jusqu'à concurrence de trois cents francs, seront exécutoires par provision, nonobstant appel, aux termes de l'art. 39 du décret du 11 juin 1809, et sans qu'il soit besoin, pour la partie qui aura obtenu gain de cause, de fournir caution.

— Au-dessus de trois cents francs, ils seront exécutoires, par provision, en fournissant caution (2).

TITRE II.

ATTRIBUTIONS DES PRUD'HOMMES EN MATIÈRE DE POLICE.

4. Tout délit tendant à troubler l'ordre et la discipline de l'atelier, tout manquement grave des apprentis envers leurs maîtres, pourront être punis, par les prud'hommes, d'un emprisonnement qui n'excédera pas trois jours (3), sans préjudice

« *res* », qui s'entendent généralement du capital, des intérêts et des frais réclamés ; il en sera de même des dépens auxquels est condamnée toute partie qui perd son procès.

(1) *Voy.* art. 9 de la loi de 1806 et art. 27 et 38 du décret de 1809. La procédure de l'appel est réglée par les art. 443 et suiv. du Code de procédure.

(2) Cet article a apporté une sage limitation à l'art. 27 du décret de 1819.

(*Voy.* la note dudit art. 27 et le texte de l'art. 39 du même décret de 1809.)

(3) Les prud'hommes étant appelés à connaître des contestations civiles qui s'élèvent entre les individus attachés aux fabriques, et devant aussi exercer une surveillance active sur les différentes industries qu'ils représentent, étaient plus aptes que tous autres juges à connaître des affaires de simple police

de l'exécution de l'art. 19, tit. V, de la loi du 22

---

relatives aux fabriques. Ce n'est donc pas sans raison, on le voit, que cette nouvelle attribution leur a été spécialement conférée.

Cette attribution doit s'exercer sur toute infraction à l'ordre ou à la discipline de l'atelier. L'injure, l'insubordination, la dégradation d'un ouvrage ou d'un métier, sont des exemples d'infractions à l'ordre et à la discipline de l'atelier; mais ce ne sont pas des délits, dans le sens du moins attaché à cette qualification. — L'art. 19 de la loi de germ. an XI donne, selon nous, une définition plus exacte des faits qui tombent sous la juridiction des prud'hommes, en disant : « *Toutes les affaires de simple police*, etc. (*Voy.* l'art. 137 du Code d'instruction criminelle, et l'art. 1er du Code pénal, qui ont prévu un genre spécial de délits appelés *contraventions*, délits qui ne sont en réalité que des affaires de simple police.)

Comme les contraventions soulèvent des questions d'ordre public pour les fabriques, on conçoit que les prud'hommes, une fois saisis régulièrement par la partie plaignante, ou même d'office, il ne pourra pas y avoir lieu à conciliation, c'est à-dire, qu'il faudra nécessairement qu'un jugement soit rendu. (*Voy.* art. 29 et 30 du décret de 1809, et art. 147 et 169 du Code d'instruction criminelle.) Ce jugement, s'il y a lieu, prononcera des dommages-intérêts au profit de la partie lésée, et les prud'-hommes, avant de le rendre, pourront se transporter dans les ateliers pour vérifier les faits qui auront été articulés. (Art. 13 de la loi de 1806.)

— Si l'infraction dont les prud'hommes auront été régulièrement saisis, revêt à leurs yeux un caractère plus grave que celui d'une simple contravention à l'ordre et à la discipline, ils devront s'abstenir et renvoyer les parties devant la juridiction compétente.

(A l'égard des formes à suivre pour instruire l'affaire, *voy.* les art. de 4 à 10 du décret de 1809, et de 137 à 178 du Code d'instruction criminelle; *voy.* aussi les art. 55 de la Charte, et 87 du Code de procédure, qui exigent la publicité de l'audience, si ce n'est dans le cas seulement où elle serait dangereuse pour l'ordre ou pour les mœurs.)

En matière de police comme en matière civile, les justiciables des prud'hommes sont les mêmes.—D'où il résulte que les prud'hommes ne sont pas compétents pour connaître des infractions à l'ordre ou à la discipline de l'atelier, du moment que ces infractions ont été commises par des personnes autres que celles dénommées aux articles 6 de la loi de 1806, 10 du décret de 1809,

germinal an xi, et de la concurrence des officiers
de police et des tribunaux (1).

---

et 1er du présent décret.—Par conséquent, si les auteurs présumés d'une infraction à l'ordre ou à la discipline de l'atelier, étaient, les uns, soumis à la juridiction des prud'hommes, aux termes desdits articles, et les autres, non soumis à cette juridiction, il ne pourrait y avoir disjonction, c'est-à-dire que les prévenus devraient tous indistinctement être renvoyés devant les tribunaux ordinaires. En effet, d'un côté, le principe de l'indivisibilité en matière criminelle est d'une application rigoureuse ; de l'autre, la connexité ne saurait être admise devant un tribunal d'exception.

(1) Il s'agit maintenant de déterminer le véritable sens de la dernière partie de notre article 4, laquelle est ainsi conçue : « *Sans préjudice de l'exécution de l'art. 19, titre V, de la loi du 22 germ. an XI, et de la concurrence des officiers de police et des tribunaux.* »

Or, à notre avis, ce sens est bien que l'article 19 de la loi de germinal ne soit pas considéré comme abrogé par cet article 4 ; et, de plus, que la nouvelle attribution conférée aux prud'hommes en matière de police, puisse s'exercer *concurremment* avec l'attribution que réserve aux officiers de police et aux tribunaux le même art. 19 de la loi de germinal.—Mais, cela posé, comment alors interpréter l'exercice de la double juridiction des prud'hommes et des tribunaux de police ? (*) Ainsi dans les villes où il y aura tout à la fois un conseil de prud'hommes et un tribunal de police, tous les deux devront-ils connaître également de l'affaire et indépendamment l'un de l'autre ; de telle sorte que l'attribution réservée en matière de police aux conseils de prud'hommes, ne soit plus considérée que comme une simple mesure de discipline intérieure, ne pouvant faire d'ailleurs obstacle à l'exercice ordinaire de l'action publique? En un mot, appliquera-t-on le mot *concurremment* dans son acception ordinaire, ou bien la priorité fixera-t-elle la compétence, c'est-à-dire, la juridiction qui sera la première saisie connaîtra-t-elle seule de l'affaire à l'exclusion de l'autre ?

Ces deux hypothèses ne nous semblent pas admissibles :

La première, parce qu'en attribuant la connaissance d'un même fait à deux juridictions différentes, c'est d'une part s'exposer sans utilité à avoir deux décisions contradictoires ; de

(*) Les tribunaux de police remplacent aujourd'hui la juridiction exercée autrefois par le préfet de police à Paris, et les commissaires généraux de police ou les maires dans les départements.

— L'expédition du prononcé des prud'hommes,

l'autre, c'est créer une double pénalité, les prud'hommes pouvant à l'occasion de ce même fait prononcer un emprisonnement de trois jours, et les tribunaux de police de leur côté, un emprisonnement de cinq jours. Or, telle n'a pas été bien certainement la pensée du législateur. En effet, on ne saurait admettre un seul instant que sans motif aucun, il ait voulu punir d'une peine plus forte, les infractions à l'ordre ou à la discipline commises par des fabricants ou des ouvriers.

La seconde, attendu qu'il est de droit *strict* que nul ne doit être enlevé à ses juges naturels, et que dans l'espèce, d'après ce principe, les fabricants sont avant tout justiciables des conseils de prud'hommes. Enfin, que deux juridictions étant inutiles pour connaître d'un même fait, alors surtout que l'une d'elles est spécialement commise pour le juger, on a dû raisonnablement vouloir que là où des prud'hommes seraient institués, la connaissance des affaires de simple police entre les fabricants et les ouvriers leur fût exclusivement réservée.

Le renvoi à la loi de germinal n'a donc pour but unique que de décider que l'art. 19 de cette loi continuera à être exécuté dans les localités où les conseils de prud'hommes ne sont pas établis ; et que, dans les localités où ils le seront, les tribunaux de police pourront juger les infractions que les prud'hommes négligeraient d'évoquer à eux ou qui seraient étrangères aux fabriques.

Mais, dira-t-on, si les prud'hommes sont seuls juges en matière de police, la peine qu'ils appliqueront sera donc moins forte que celle qui frappera les personnes étrangères aux fabriques, puisque l'art. 4 du présent décret ne punit que d'un emprisonnement de trois jours au plus les mêmes faits qui, d'après le Code pénal, auquel renvoie l'art. 19 de la loi de germinal, sont punis de cinq jours d'emprisonnement? Que prétend-on prouver par ce raisonnement? Que la loi n'est pas égale pour tous et que c'est créer, au profit des ouvriers, une exception qui n'existe pas pour tous les citoyens? S'il en est ainsi, on se trompe : car les ouvriers comme les fabricants restent soumis, pour toutes les contraventions qui ne se rattachent pas à leur profession industrielle, à la juridiction ordinaire et par conséquent à l'application des peines prévues par les art. 464 et suivants du Code pénal; ce qui le prouve, c'est l'article 20 de la loi de germinal qui dispose : « *que les autres contestations seront portées devant les tribunaux auxquels la connaissance en est attribuée par les lois.* » Or, le mot *contestation* ne peut s'entendre ici que des affaires de simple po-

certifiée par leur secrétaire, sera mise à exécution

---

lice autres que celles dont il est question dans l'art. 19, c'est-à-dire, qu'il est là pour *contraventions*. On ne doit donc pas s'étonner que la pénalité des faits commis dans la fabrique soit plus douce, puisque la juridiction chargée de l'appliquer est elle-même plus paternelle. Aussi, les prud'hommes qui eussent pu prononcer la peine de cinq jours d'emprisonnement, si l'art. 19 de la loi de germinal n'eût pas été modifié sur ce point par l'art. 4 du présent décret, ne le pourront-ils pas, le texte de ce même art. 4 s'opposant à ce que cet emprisonnement soit de plus de trois jours.

Mais rien n'empêche que le conseil ne prononce l'amende ou n'ordonne la confiscation de certains objets saisis; car, en ne s'expliquant pas sur ces deux peines, l'article 4 de notre décret entend bien conserver toutes les dispositions de l'art. 19 de la loi de germinal, auxquelles il n'est pas formellement dérogé. Or, cet art. 19 renvoie lui-même au Code de police municipale, aujourd'hui Code pénal, art. 464 et suiv,, et l'art. 464 contient les trois peines de l'emprisonnement, de l'amende et de la confiscation. Un autre motif nous porte encore à adopter cette opinion, c'est que les deux dernières peines dont il est question sont plus douces que la première, et que là où il s'agit de maintenir l'ordre et l'harmonie et d'éteindre toute animosité personnelle, il vaut mieux ne pas épuiser d'un seul coup toutes les rigueurs de la loi en ne prononçant pas, pour des fautes souvent légères, la peine de l'emprisonnement.

De même, nous ne voyons pas d'obstacle à ce que les prud'-hommes ordonnent l'arrestation provisoire des prévenus et les fassent traduire ensuite devant les tribunaux compétents. Il ne s'agit pas là, en effet, de prononcer une peine, mais de prendre, avant que l'autorité supérieure ne soit avertie, ou concurremment avec elle, une mesure provisoire dans l'intérêt de l'ordre public. La loi elle-même leur donne ce droit; car, dans l'art. 19 de la loi de germinal, elle le conférait au préfet de police à Paris, et aux maires et aux commissaires généraux de police dans les départements; notre art. 4, en renvoyant à cet art. 19, entend évidemment conférer les mêmes pouvoirs aux conseils de prud'hommes. (*Voy.* cependant Mollot, n° 415. — *Voy.* aussi la note de l'art. 19 de la loi de germinal an XI.)

Enfin, voici une dernière difficulté dont la solution n'est pas sans importance. L'art. 19 de la loi de germinal déclare sans appel les jugements rendus en matière de police par les maires et les commissaires généraux de police; en sera-t-il ainsi des jugements rendus par les prud'hommes pour les mêmes faits ?

par le premier agent de police ou de la force publique, sur ce requis (1).

Non, bien que notre article renvoie à l'art. 19 de la loi de germinal, et le motif c'est qu'en principe l'appel est de droit, à moins d'une disposition contraire formellement écrite dans la loi ; or, l'art. 4 du présent décret se tait à cet égard. De plus, nous considérons que la disposition de l'art. 19 relative au droit d'appel a été abrogée par l'art. 172 du Code d'instruction criminelle. Une autre raison vient encore à l'appui de notre opinion : l'art. 35 du décret de 1809 reconnaît implicitement le droit d'appel contre les jugements des prud'hommes emportant condamnation jusqu'à trois jours d'emprisonnement, pour le cas d'insulte ou d'irrévérence grave envers le conseil ; or, l'infraction à la discipline de l'atelier n'est pas une faute telle qu'elle nécessite plus que celle-là une répression immédiate et sans appel. (*Voy.* Mollot, n° 414.) Toutes les fois donc qu'un jugement de prud'hommes prononcera un emprisonnement, ou une amende, ou des dommages-intérêts excédant la somme de cinq francs, l'appel de ce jugement sera reçu devant le tribunal de police correctionnelle, conformément aux art. 172 et 174 du Code d'instruction criminelle.

Ainsi et pour nous résumer, il faut entendre le renvoi de notre art. 4 à l'art. 19 de la loi de germinal et l'attribution déférée aux prud'hommes, en matière de police, concurremment avec les officiers de police et les tribunaux, en ce sens, que dans tous les lieux où les conseils de prud'hommes sont organisés, les matières de police concernant les fabriques leur seront réservées exclusivement ; et que, toutes les fois que l'art. 19 ne sera pas modifié par la législation postérieure, ses dispositions devront être observées aussi bien par les prud'hommes que par les tribunaux de police.

(1) Aux termes de l'art. 165 du Code d'instruction criminelle, le ministère public est chargé de poursuivre l'exécution des jugements de simple police. Aucun magistrat n'exerçant des fonctions correspondantes près des conseils de prud'hommes, le président demeure chargé de requérir la mise à exécution des jugements de condamnation.

ORDONNANCE DU ROI

QUI AUTORISE LES MEMBRES DES CONSEILS DE PRUD'HOMMES
A PORTER UNE MARQUE DISTINCTIVE DANS L'EXERCICE DE
LEURS FONCTIONS.

Du 25 novembre 1828.

Vu la loi du 18 mars 1806, les décrets des 3 juill.
1806, 11 juin 1809, 20 févr. et 3 août 1810, portant
création de conseils de prud'hommes en diverses
villes de notre royaume, et qui, en leur donnant le
caractère d'officiers publics (1), règlent l'exercice
de leur juridiction, les chargent de constater les
contraventions aux lois et règlements en fait d'industrie, et les autorisent à faire des visites et véri-
fications dans les fabriques et manufactures;

Sur le rapport de notre garde des sceaux, ministre secrétaire d'état au département de la justice;

Notre conseil d'état entendu, nous avons ordonné et ordonnons ce qui suit :

ARTICLE PREMIER. Les membres des conseils de
prud'hommes porteront, dans l'exercice de leurs
fonctions, soit à l'audience, soit au dehors, une
médaille d'argent suspendue à un ruban noir en
sautoir, le tout conformément au modèle ci-annexé (2).

---

(1) Les prud'hommes sont considérés comme officiers publics. lorsqu'ils remplissent les fonctions d'auxiliaires de l'autorité administrative (art. 10 et suiv. de la loi de 1806). Mais
habituellement et avant tout ils sont des magistrats. — Cette
dernière qualité qui avait été mise en doute pendant longtemps,
vient de leur être reconnue d'une manière authentique par un
arrêt de la Cour de cass. du 6 mars 1845, qui les dispense du
service de la garde nationale. (V. Journal le Droit du 3 avril suiv.)

(2) Comme marque extérieure de leurs fonctions, les prud'-

2. Notre garde des sceaux, ministre secrétaire d'état au département de la justice, et notre ministre secrétaire d'état au département du commerce, sont chargés chacun en ce qui le concerne de l'exécution de la présente ordonnance, qui sera insérée au *Bulletin des Lois.*

ORDONNANCE ROYALE

PORTANT ÉTABLISSEMENT D'UN CONSEIL DE PRUD'HOMMES A PARIS
POUR L'INDUSTRIE DES MÉTAUX.

Du 29 décembre 1844.

Louis-Philippe, etc.

Sur le rapport de notre ministre secrétaire d'état au département de l'agriculture et du commerce;

Vu l'art. 34 de la loi du 18 mars 1806, et les décrets des 11 juin 1809, 20 fév. et 3 août 1810;

Vu la délibération, en date du 25 mars 1840, par laquelle la chambre de commerce de Paris demande l'établissement de prud'hommes;

Vu la délibération du conseil municipal de la ville de Paris, en date du 24 mai 1844, par laquelle

---

hommes ont donc le droit de porter une médaille en argent suspendue à un ruban noir en sautoir. Mais dans notre opinion ce n'est pas assez. En effet, puisqu'ils exercent une véritable magistrature, rien n'empêche ce semble qu'on ne les revête de la robe du juge. De la sorte, les fonctions de prud'homme gagneraient autant en dignité que l'audience de leurs conseils en solennité, et le vêtement souvent modeste de l'ouvrier ne contrasterait plus à côté de celui du fabricant. De l'uniformité du costume résulterait une sorte d'égalité qui exercerait une heureuse influence sur l'indépendance de chaque membre.

il a été pourvu aux voies et moyens pour l'établissement d'un conseil de prud'hommes (1).

Notre conseil d'état entendu,

Nous avons ordonné et ordonnons ce qui suit :

1. Il est établi, à Paris, un conseil de prud'hommes pour l'industrie des métaux et les industries qui s'y rattachent (2).

— Ce conseil sera composé de quinze membres titulaires, dont huit marchands-fabricants et sept chefs d'atelier, contre-maîtres ou ouvriers patentés (3).

2. L'industrie des métaux et celles qui s'y rattachent sont divisées en cinq catégories, conformément au tableau ci-après.

Chaque catégorie procédera séparément à la nomination du conseil de prud'hommes, dans une assemblée spéciale composée de fabricants, contre-maîtres, chefs d'atelier et ouvriers patentés.

Les cinq catégories concourront aux nominations dans les proportions suivantes, savoir :

---

(1) Le rapport qui a précédé cette délibération a été fait par M. Périer, membre du conseil municipal.

La discussion de toutes les difficultés qui se sont élevées sur la matière y est présentée avec un talent remarquable. On pourra consulter utilement ce rapport dans le Moniteur des conseils de prud'hommes qui l'a publié à sa 3e année.

(2) Voir à l'*Appendice* le tableau des industries qui se rattachent à l'industrie des métaux.

(3) *Voy.* art. 1 et suiv. de la loi de 1806, et art. 1 et suiv. du décret de 1809.

	NOMBRE DE PRUD'HOMMES A NOMMER.	
	FABRICANTS.	OUVRIERS.
1° Mécaniciens, constructeurs de machines, fondeurs et fabricants de grosse chaudronnerie, entrepreneurs de serrurerie et carrossiers. .	1	1
2° Orfévres, fabricants de plaqué, fabricants de bijouterie fine ou fausse.	2	2
3° Fabricants d'instruments de précision et d'optique, d'instruments de musique, d'horlogerie.	2	2
4° Fabricants de bronzes, cizeleurs, doreurs, estampeurs, fabricants de lampisterie et ferblanterie.	2	1
5° Fabricants d'armes, d'instruments de chirurgie, coutellerie.	1	1
	8	7
Total.	15	

3. Il sera, en outre, nommé, dans chacune des catégories ci-dessus désignées, afin de remplacer les titulaires en cas de décès, de démission ou d'*empêchement légitime*, *deux suppléants* pris, l'un parmi les marchands-fabricants, l'autre parmi les chefs d'atelier, contre-maîtres ou ouvriers patentés.

— Leurs fonctions dureront trois ans (1).

---

(1) *Voy.* l'art. 18 du décret de 1809 et sa note. — L'ordonnance interprète dans le sens le plus large l'art. 18 de ce décret. Ainsi, elle entend par les mots : *deux suppléants*, qu'il n'y aura pas seulement deux suppléants une fois élus pour remplacer les titulaires, mais deux suppléants élus dans chacune des catégories dont il est question à l'article précédent. Or, comme il y a cinq catégories, il y aura par le fait dix suppléants. Cette interprétation a le double avantage de ne pas

4. Les élections de prud'hommes seront faites suivant le mode et la forme réglés par le décret du 20 févr. 1810. Il sera procédé à l'élection des suppléants dans les mêmes formes (1).

— Les prud'hommes titulaires et suppléants prêteront serment entre les mains du préfet du département de la Seine, au moment de leur installation, laquelle n'aura lieu qu'après que les procès-verbaux d'élection auront été transmis à notre ministre secrétaire d'état de l'agriculture et du commerce, et que les élections auront été reconnues régulières.

5. La juridiction du conseil de prud'hommes, établie par la présente ordonnance, s'appliquera à toutes les fabriques et manufactures de la ville de Paris dont les industries sont appelées par l'art. 2, à concourir à la formation dudit conseil.

— Seront, en conséquence, justiciables du conseil, les marchands-fabricants, chefs d'atelier, contre-maîtres et ouvriers, compagnons, apprentis et employés travaillant pour lesdites fabriques et manufactures, quel que soit d'ailleurs le lieu de leur domicile ou de leur résidence (2).

---

violer la loi qui semble vouloir que le nombre des titulaires ne dépassé pas le nombre quinze, et d'alléger le service en permettant à ces derniers de se faire remplacer dans le cas d'empêchement légitime.

On voit de plus par ces mots : *empêchement légitime*, que l'ordonnance supplée au silence de l'art. 18 du décret de 1809 qui semblait n'admettre que deux causes de remplacement ; celles de décès ou de démission de l'un des titulaires.

Le président du conseil est juge des réclamations que les prud'hommes peuvent présenter à ce sujet ; il a la police intérieure du conseil sur tous les cas prévus ou non prévus par le règlement dont il est question à l'art. 6 ci-après, § 2.

(1) *Voy.* pour le mode de nomination et d'installation les art. 13 et suiv. de ce décret. (Décret de 1809.) Et art. 3 de la loi de 1806. — *Voy.* pour le renouvellement des membres du conseil, art. 4 et 5 de la loi de 1806, et art. 1 et suiv. du décret de 1809.

(2) *Voy.* art. 6 de la loi de 1806, art. 10 et 11 du décret de 1809, et art. 1 du décret du 3 août 1810.

6. Le conseil de prud'hommes se conformera aux dispositions de la loi du 18 mars 1806, et des décrets des 20 févr. et 3 août 1810.

—Il soumettra à l'approbation de notre ministre de l'agriculture et du commerce, un règlement pour le régime intérieur, tant du bureau général que du bureau particulier (1)

7. L'appel d'un jugement rendu par les prud'hommes sera porté devant le tribunal de commerce de Paris, conformément aux lois et décrets précités (2).

8. La ville de Paris fournira le local nécessaire à la tenue des séances, et pourvoira tant aux dépenses de premier établissement et d'entretien qu'aux dépenses annuelles de chauffage, éclairage et autres menus frais, ainsi qu'au traitement du secrétaire et autres employés (3).

9. Notre garde des sceaux ministre de la justice et des cultes, et notre ministre secrétaire d'état au département de l'agriculture et du commerce, sont chargés, chacun en ce qui le concerne, de l'exécution de la présente ordonnance, qui sera insérée au *Bulletin des Lois.*

Fait au palais des Tuileries, le 29 déc. 1844.

Signé : LOUIS-PHILIPPE.

---

(1) Le président du conseil est spécialement chargé d'appliquer le règlement.

2) *Voy.* art. 9 de la loi de 1806, — art. 27 et 47 du décret de 1809, — et art. 2 du décret du 3 août 1810.

(3) *Voy.* art. 68 et suiv. du décret de 1809.

ARRÊTÉ DU PRÉFET.

RELATIF A LA FORMATION DES LISTES ÉLECTORALES DES
PRUD'HOMMES DE PARIS.

Du 8 janvier 1845.

Nous, pair de France, préfet du département de la Seine,

Vu l'ordonnance du roi du 29 décembre dernier qui crée à Paris un conseil de prud'hommes pour les fabriques de métaux ; ladite ordonnance portant, art. 4 : « Les élections de prud'hommes seront faites suivant le mode et la forme réglés par le décret du 20 févr. 1810 ; »

Vu l'art. 14 du décret du 20 févr. 1810, ainsi conçu : « Tout marchand fabricant, tout chef d'atelier, tout contre-maître, tout ouvrier patenté qui voudra voter dans l'assemblée sera tenu de se faire inscrire sur un registre à ce destiné, qui sera ouvert à l'Hôtel-de-Ville ; nul ne sera inscrit que sur la présentation de sa patente ; les faillis seront exclus ; »

Vu le même décret, qui dispose, article 16 : « Qu'en cas de contestation sur le droit d'assistance à l'assemblée, il sera statué par le préfet, sauf le recours au conseil d'Etat ; »

Avons arrêté :

Article premier. A dater du 15 de ce mois et jusqu'au 30 inclusivement, il sera ouvert, à l'Hôtel-de-Ville, un registre pour l'inscription des marchands-fabricants, contre-maîtres, chefs d'atelier et ouvriers patentés qui, appartenant à l'une des professions énoncées dans l'ordonnance ci-dessus, désireront concourir à l'élection des prud'hommes du conseil des métaux.

Les marchands-fabricants, chefs d'atelier et ouvriers patentés seront inscrits sur la présentation de leur patente (celle de 1844) ; les contre-maîtres sur la production d'un certificat constatant leurs nom, prénoms âge, demeure et leur qualité de contre-maître. Ces certificats seront délivrés par les chefs de fabrique, et visés par le maire de l'arrondissement où est située la fabrique.

Les diverses déclarations seront reçues chaque jour, de 10 heures à 4 heures, nouvelle salle Saint-Jean (entrée par la cour des bureaux, place de Grève).

Pourront se dispenser de nouvelles justifications et seront inscrits d'office, les ayants droit déjà portés sur les listes électorales et du jury, arrêtées par nous, le 20 octobre dernier, conformément aux lois.

2. Aussitôt après l'expiration du délai fixé pour l'ouverture du registre des déclarations, la liste générale des électeurs de prud'hommes sera dressée, imprimée et publiée.

3. Pendant huit jours, à partir de la publication de la liste, s'il s'élève sur le droit d'assister aux élections, des réclamations fondées sur l'art. 16 du décret de 1810, elles seront reçues à l'Hôtel-de-Ville, bureau des prud'hommes.

Ces réclamations seront inscrites à la date de leur réception, sur un registre qui sera ouvert à cet effet ; elles devront être signées et présentées avec les pièces à l'appui, par chaque partie intéressée ou par son fondé de pouvoir.

4. Conformément au décret précité, il sera statué par nous sur toutes ces réclamations, sauf le recours au conseil d'Etat.

5. Un arrêté ultérieur déterminera les lieux, jours et heures des élections de prud'hommes.

6. L'ordonnance ci-dessus et le présent arrêté seront imprimés, publiés et affichés dans l'étendue des douze arrondissements de Paris.

Signé : Cte DE RAMBUTEAU.

MANUEL

DES

CONSEILS DE PRUD'HOMMES.

DEUXIÈME PARTIE.

LÉGISLATION

DES MANUFACTURES, FABRIQUES

ET ATELIERS.

ARRÊTÉ

RELATIF A L'ÉTABLISSEMENT DES CHAMBRES
DE COMMERCE.

Du 3 nivôse an XI.

Les consuls de la république, sur le rapport du ministre de l'intérieur, arrêtent :

CHAPITRE PREMIER.

Formation des Chambres de commerce.

ARTICLE PREMIER. Il sera établi des chambres de commerce dans les villes de Lyon, Rouen, Bordeaux, Marseille, Bruxelles, Anvers, Nantes, Dunkerque, Lille, Mayence, Nîmes, Avignon, Strasbourg, Turin, Montpellier, Genève, Bayonne, Toulouse, Tours, Carcassonne, Amiens, le Havre.

2. Les chambres de commerce seront composées de quinze commerçants, dans les villes où la population excède 50,000 âmes, et de neuf, dans toutes celles où elle est au-dessous, indépendamment du préfet qui en est membre né, et en a la présidence toutes les fois qu'il assiste aux séances. Le maire remplacera le préfet dans les villes qui ne sont pas chefs-lieux de préfecture.

3. Nul ne pourra être reçu membre de la chambre, s'il n'a fait le commerce en personne au moins pendant dix ans.

4. Les fonctions attribuées aux chambres de commerce sont :

De présenter des vues sur les moyens d'accroître la prospérité du commerce ;

De faire connaître au gouvernement les causes qui en arrêtent les progrès ;

D'indiquer les ressources qu'on peut se procurer ;

De surveiller l'exécution des travaux publics, relatifs au commerce, tels, par exemple, que le curage des ports, la navigation des rivières, et l'exécution des lois et arrêtés concernant la contrebande (1).

5. Les chambres de commerce correspondront directement avec le ministre de l'intérieur.

6. La première formation de chaque chambre de commerce sera faite comme il suit :

Les préfets, et à leur défaut, les maires dans les villes qui ne sont pas chefs-lieux de préfecture, réuniront sous leur présidence, de quarante à soixante

---

(1) *Voy.* l'art 2 du décret de 1809, qui dispose que les conseils de prud'hommes seront établis sur la demande motivée des chambres de commerce ou des chambres consultatives de manufactures. — *Voy.* aussi art. 29 de la loi de 1806.

commerçants des plus distingués de la ville, qui procéderont, par scrutin secret, et à la pluralité absolue des suffrages, à l'élection des membres qui doivent composer la chambre.

7. Les membres de la chambre seront renouvelés par tiers, tous les ans ; les membres sortants pourront être réélus.

Pendant les deux premières années qui suivront la formation de la chambre, le sort prononcera quels sont ceux qui doivent sortir.

Les remplacements se feront par la chambre et à la pluralité absolue des suffrages.

8. Toute nomination sera transmise au ministre de l'intérieur, pour recevoir son approbation.

9. Les chambres de commerce présenteront au ministre de l'intérieur l'état de leurs dépenses, et proposeront les moyens de les acquitter.

Le ministre soumettra leurs demandes au gouvernement.

CHAPITRE II.

Formation d'un Conseil général de commerce.

10. Il y aura à Paris un conseil général de commerce.

Ce conseil sera établi près du ministre de l'intérieur,

11. Les membres du conseil général seront désignés par les chambres de commerce.

Chaque chambre présentera deux sujets, sur lesquels le premier consul en nommera quinze. Ces quinze se réuniront à Paris une ou deux fois l'an : trois d'entre eux y seront toujours présents. Nul ne pourra être élu s'il n'est en activité de commerce dans la ville qui fait la députation, et si, au moment de sa nomination, il n'y est présent.

LOI

RELATIVE AUX MANUFACTURES, FABRIQUES ET ATELIERS.

Du 22 germinal an xi.

(Promulguée le 2 floréal an xi.)

TITRE PREMIER.

DISPOSITIONS GÉNÉRALES.

ARTICLE PREMIER. Il pourra être établi, dans les lieux où le gouvernement le jugera convenable, des chambres consultatives de manufactures, fabriques, arts et métiers (1).

2. Leur organisation sera faite par un règlement d'administration pblique.

3. Leurs fonctions seront de faire connaître les besoins et les moyens d'amélioration des manufactures, fabriques, arts et métiers.

4. Il pourra être fait, sur l'avis des chambres consultatives dont il est parlé en l'art. 1er, des règlements d'administration publique, relatifs aux produits des manufactures françaises qui s'exporteront à l'étranger. Ces règlements seront présentés en forme de projet de loi au Corps Législatif, dans les trois ans à compter du jour de leur promulgation (2).

5. La peine de la contravention à ces règlements sera une amende qui ne pourra excéder 3,000 fr.

---

(1) Ces chambres ont été établies par un arrêté d'organisation du 10 thermidor an xi ci-après rapporté.

(2) La plupart des règlements relatifs au mode de fabrica-

et la confiscation des marchandises. Les deux peines pourront être prononcées cumulativement ou séparément, selon les circonstances (1).

---

tion et de vente des objets manufacturés en France se trouvent rapportés ci-après. Les voici par ordre chronologique : Décret du 20 floréal an XIII, sur la guimperie, les étoffes d'or et d'argent, velours; les décrets des 23 germinal et 13 fructidor an XIII sur la condition des soies; décret du 21 sept. 1807 sur la fabrication des draps destinés au Levant; décret du 14 déc. 1810, portant fixation de la longueur des fils fabriqués avec le coton, le lin, le chanvre ou la laine; décrets des 25 juill. 1810, et 22 déc. 1812 sur la lisière des draps; décrets des 1er avril et 18 sept. 1811, et 22 déc. 1812 sur la fabrication et la marque des savons; et ordonnance du 8 août 1816, qui oblige les fabricants d'étoffes et tissus de la nature de ceux prohibés, à ne mettre dans le commerce ces étoffes et tissus que revêtus d'une marque de fabrication.

(1) Le législateur devait tenir à ce que les produits de nos manufactures, destinés à l'exportation, ne fussent pas discrédités à l'étranger; il fallait donc en surveiller la confection, et cette surveillance ne pouvait être mieux exercée que par des fabricants, plus aptes et plus intéressés que personne à réprimer la fraude et la mauvaise foi. En outre, leur opinion devait être d'un grand poids, chaque fois que des règlements d'administration publique étaient jugés nécessaires : tel est le but des art. 3 et 4 ci-dessus.

C'est en attendant que ces règlements fussent en vigueur que la présente loi prononçait la peine contenue dans notre art. 5. — Mais, plus tard, le Code pénal est venu remplacer toutes les pénalités contenues dans nos lois, et son art. 413 a abrogé notre art. 5. — Cet art. 413 est ainsi conçu :

Toute violation des règlements d'administration publique relatifs aux produits des manufactures françaises qui s'exporteront à l'étranger, et qui ont pour objet de garantir la bonne qualité, les dimensions et la nature de la fabrication, sera punie d'une amende de 200 fr. au moins, de 3,000 fr. au plus, et de la confiscation des marchandises. Ces deux peines pourront être prononcées cumulativement ou séparément selon les circonstances. (Voy., au surplus, les art. 413 à 430, Code pénal, qui régissent toute la matière.)

TITRE II.

DE LA POLICE DES MANUFACTURES, FABRIQUES ET ATELIERS.

6. Toute coalition entre ceux qui font travailler des ouvriers, tendante à forcer injustement et abusivement l'abaissement des salaires, et suivie d'une tentative ou d'un commencement d'exécution, sera punie d'une amende de cent francs au moins, de trois mille francs au plus; et, s'il y a lieu, d'un emprisonnement qui ne pourra excéder un mois (1).

7. Toute coalition de la part des ouvriers pour cesser en même temps de travailler, interdire le

---

(1) L'article 6 du présent titre et plusieurs de ceux qui vont suivre, ont été remplacés par les art. 414 et suiv. du Code pénal. Cet art. 414 est ainsi conçu, et ajoute à la pénalité déjà déterminée par l'art. 6 :

Toute coalition entre ceux qui font travailler des ouvriers, tendant à forcer injustement et abusivement l'abaissement des salaires, suivie d'une tentative ou d'un commencement d'exécution, sera punie d'un emprisonnement de six jours à un mois, et d'une amende de 200 fr. à 3,000 fr.

Comme on le voit, le délit de coalition résulte de trois éléments distincts. — Il faut :

1º *Qu'il y ait concours*, c'est-à-dire résolution formée et arrêtée entre deux ou plusieurs personnes d'atteindre à un même but.

2º *Que ce but soit de tendre à forcer injustement et abusivement l'abaissement des salaires;* (or, les moyens d'exécution employés en pareil cas varient à l'infini, et restent dans l'appréciation souveraine des tribunaux).

Et 3º que ce concours ait été suivi d'une tentative ou d'un commencement d'exécution. Ici, toutefois, la rédaction est vicieuse, car *tentative ou commencement d'exécution* donnant l'idée de faits analogues, la loi n'a eu évidemment en vue que d'attribuer au premier de ces mots le sens d'actes extérieurs; c'est comme s'il y avait : *soit d'un commencement d'exécution, soit d'actes tendant à y arriver.* On aurait donc tort d'établir une distinction que repousse l'esprit de la loi, comme, par

travail dans certains ateliers, empêcher de s'y rendre et d'y rester avant ou après de certaines heures, et en général pour suspendre, empêcher, enchérir les travaux, sera punie, s'il y a eu tentative ou commencement d'exécution, d'un emprisonnement qui ne pourra excéder trois mois (1).

8. Si les actes prévus dans l'article précédent

---

exemple, de prêter au mot *tentative* une portée morale qui en ferait un délit, alors même qu'il n'existerait que dans la pensée des fabricants ou des ouvriers, et qu'il ne se serait encore manifesté par aucun signe extérieur. — Il est évident que ce ne serait là qu'un projet que la justice ne pourrait atteindre. (*Voy.* Faustin-Hélie, *Théorie du Code pénal*, tom. 7, p. 460.)

(1) Cet article a été remplacé par l'art. 415 du Code pénal, ainsi conçu :

« *Toute coalition de la part des ouvriers pour faire cesser en même temps de travailler, interdire le travail dans un atelier, empêcher de s'y rendre et d'y rester ou après de certaines heures, et en général pour suspendre, empêcher, enchérir les travaux, s'il y a eu tentative ou commencement d'exécution, sera punie d'un emprisonnement d'un mois au moins, et de trois mois au plus. — Les chefs ou moteurs seront punis d'un emprisonnement de deux à cinq ans.* »

Si la coalition des fabricants était à craindre, celle des ouvriers ne l'était pas moins ; aussi les mesures de répression sont-elles à peu près les mêmes, si ce n'est toutefois une légère augmentation de peine à l'égard de ces derniers, par ce motif que leur position pécuniaire ne leur permettrait pas en général de supporter l'amende ; du reste, les conditions d'incrimination pour les ouvriers sont également les mêmes que pour les fabricants.

Il existe cependant une différence que nous ne pouvons passer sous silence, entre l'art. 414 et l'art. 415, c'est celle qui concerne les chefs ou moteurs des coalitions d'ouvriers. Le législateur, en punissant seulement les chefs ou moteurs de coalitions d'ouvriers, supposerait-il qu'il n'y a pas de chefs ou de moteurs de coalitions de fabricants? Non, la raison s'y refuse; mais il s'est préoccupé du danger qu'il y avait pour la société dans une agglomération d'ouvriers coalisés, danger sans doute plus sérieux pour la tranquillité publique, que celui qui résulte des coalitions de fabricants. Quoi qu'il en soit, la criminalité du délit commis par ces derniers n'en reste

—ont été accompagnés de violence, voies de fait, attroupements, les auteurs et complices seront punis des peines portées au Code de police correc-

---

pas moins la même en principe ; au point de vue moral, elle est peut-être plus grande, puisque ce délit tend à priver de malheureux ouvriers du prix de leurs travaux, et que presque toujours les coalitions des maîtres font naître les coalitions des ouvriers. Il est donc fâcheux que la loi consacre en quelque sorte par son silence une distinction que l'équité repousse.

Enfin, cette distinction est d'autant plus regrettable, que l'art. 415 n'ayant point exigé pour les ouvriers, comme l'art. 414 pour les fabricants, que le but de leur coalition fût de *tendre à forcer injustement et abusivement la suspension ou l'enchérissement des travaux*, on doit en conclure, que la coalition des ouvriers fût-elle fondée sur les meilleurs motifs, par exemple sur la coalition des maîtres, n'en serait pas moins punissable. Ainsi les maîtres pourront toujours prétendre que l'abaissement du salaire est la conséquence de causes générales qui pèsent sur le commerce tout entier, tandis que les ouvriers ne pourront jamais justifier leur coalition. (*Voy.* art. 416 et 219 du Code pénal. *Voy.* aussi Faustin-Hélin, *Théorie du Code pénal*, t. 7, p. 460 et suiv.)

—Toutefois, remarquons bien que le concours des ouvriers qui aurait eu lieu dans le seul but de ne pas accepter certaines conditions faites par les maîtres, et non point afin de forcer l'augmentation du salaire, n'offrirait pas tous les caractères voulus par la loi pour devenir un délit. La cessation du travail en effet n'est un délit qu'autant qu'elle a été concertée et arrêtée d'avance dans le but de causer un préjudice à autrui. Or, dans l'hypothèse que nous présentons, les ouvriers ne cherchent pas à causer un préjudice à autrui, ils cherchent seulement à conjurer les suites du préjudice qu'on leur fait. Il est évident que si le fabricant a eu le droit d'imposer des conditions nouvelles, les ouvriers à leur tour ont eu le droit de ne les pas accepter; la liberté des conventions est attachée à l'observation de cette réciprocité : les ouvriers n'ont donc pas agi avec violence, ils n'ont donc pas voulu obtenir par la force ce qu'on refusait de leur accorder librement, il n'y a donc pas dans leur refus même collectif de travailler, le délit de coalition tel qu'il est prévu et défini par l'art. 115 du Code pénal.

Sans doute, il pourra arriver que le fabricant voyant déserter ses ateliers fasse des concessions et consente à l'augmentation des salaires ou à la diminution des heures de travail : on voit

tionnelle ou au Code pénal, suivant la nature des délits (1).

— ❖❖❖ —

TITRE III.

DES OBLIGATIONS ENTRE LES OUVRIERS ET CEUX QUI LES EMPLOIENT.

———

9. Les contrats d'apprentissage consentis entre majeurs, ou, par des mineurs avec le concours de ceux sous l'autorité desquels ils sont placés (2), ne

———

alors que le motif qui l'aura guidé n'aura pas été l'emploi de la violence à son égard, mais la crainte que ses ouvriers ne portent ailleurs leur industrie. L'intérêt personnel aura peut-être été plus fort que le sentiment de l'équité, mais l'art. 415 n'aura pas été violé.

(1) *Voy.* Code pénal, art. 309 à 313, et loi du 10 avril 1831, sur les attroupements.

(2) Le contrat d'apprentissage est une convention par laquelle un fabricant, un chef d'atelier, ou même un simple ouvrier, s'engage à montrer son état à une autre personne qu'on nomme *apprenti*, moyennant un prix, à des conditions, et pendant un temps débattus entre eux. (Mollot, n° 215.)

Ce contrat donnant lieu à des obligations réciproques, les parties doivent avoir la capacité légale pour s'engager valablement. D'où il suit : 1° Que le mineur émancipé peut contracter sauf toutefois réduction en cas d'excès. (Code civil, art. 481 et 484.)

2° Que le mineur non émancipé doit être représenté par son père; à défaut de son père, par sa mère; à défaut de son père et de sa mère, par son tuteur. Cependant, si un contrat d'apprentissage avait été passé entre des personnes capables et un mineur, ce dernier aurait seul le droit de se prévaloir de son incapacité légale pour se refuser à exécuter le contrat. (Code civil, art. 1125.)

Voy. sur l'âge auquel les enfants peuvent être admis dans

4

pourront être résolus, sauf l'indemnité en faveur de l'une ou de l'autre des parties, que dans les cas suivants, 1° d'inexécution des engagements de part ou d'autre; 2° de mauvais traitements de la part du maître; 3° d'inconduite de la part de l'apprenti; 4° si l'apprenti s'est obligé à donner, pour tenir lieu de rétribution pécuniaire, un temps de travail dont la valeur serait jugée excéder le prix ordinaire des apprentissages (1).

---

les manufactures et sur la durée de leur travail, la loi du 22 mars 1841 ci-après.)

—Le contrat d'apprentissage se forme par le seul consentement des parties : il est écrit ou verbal. S'il est écrit, les conventions en doivent être interprétées, en cas de doute, dans le sens le plus favorable à l'apprenti. — Si au contraire il est verbal, la preuve par témoins pourra être admise, mais seulement quand l'objet de la convention n'excédera pas 150 francs. (Code civil, art. 1162 et 1341.)

Une fois formé, le contrat d'apprentissage, comme tous les contrats, lie chacun des contractants : en cas d'inexécution, soit de la part du maître, soit de la part de l'apprenti, il donne lieu à des dommages-intérêts au profit de celui qui en réclame l'exécution. (Art. 1142, 1144 et 1146 du Code civil.) — Toutefois, l'art. 1781 du même Code, d'après lequel le maître est cru sur son affirmation pour le paiement du salaire de l'ouvrier, ne serait pas applicable à l'apprenti s'il survenait une contestation entre son maître et lui à ce sujet.

—Le contrat d'apprentissage, à la différence de celui qui intervient entre le fabricant et l'ouvrier, peut durer plus d'une année. On le comprend d'autant mieux, qu'il est rare que l'apprentissage soit terminé après un temps aussi court. Cependant, il ne faudrait pas que l'engagement de l'apprenti fût excessif : la fin de notre article 9 en contient implicitement la prohibition formelle. (Comparez l'art. 15 ci-après. — *Voy.* les art. 1134 et 1160 du Code civil.)

(1) Les trois premières causes de résolution du contrat d'apprentissage découlent du principe posé dans l'art. 1184 du Code civil dont suit la teneur :

La condition résolutoire est toujours sous-entendue dans les contrats synallagmatiques, pour le cas où l'une des deux parties ne satisfera point à son engagement.—Dans ce cas, le contrat n'est point résolu de plein droit. La partie envers laquelle l'engagement n'a point été exécuté, a le choix ou de forcer

10. Le maître ne pourra, sous peine de dommages-intérêts, retenir l'apprenti au delà de son temps, ni lui refuser un congé d'acquit quand il aura rempli ses engagements (1).

---

l'autre à l'exécution de la convention lorsqu'elle est possible, ou d'en demander la résolution avec dommages et intérêts. — La résolution doit être demandée en justice, et il peut être accordé au défendeur un délai selon les circonstances. (*Voy.* les art. 1142, 1144 et 1148 du Code civil.)

Quant au dernier cas indiqué par notre article, à savoir : « *Si l'apprenti s'est obligé à donner, pour tenir lieu de rétribution pécuniaire, un temps de travail dont la valeur serait jugée excéder le prix ordinaire des apprentissages.* » Il prend sa source dans ce principe sur lequel repose aujourd'hui la législation de tous les peuples civilisés, que nul ne peut aliéner sa liberté. — Le conseil est donc investi sur ce point d'un pouvoir illimité. Toutefois, au lieu d'annuler le contrat, il pourrait réduire la durée de l'apprentissage.

Aux causes de résolution qui précèdent, il faut en ajouter deux autres : l'une, l'échéance du terme stipulé pour la durée du contrat; l'autre, la mort du maître ou de l'apprenti. (*Voy.* art. 1795, Code civil.)

—L'enrôlement de l'apprenti pour le service militaire ne serait pas considéré comme une cause de résolution du contrat pouvant donner lieu à des dommages-intérêts, à moins que cet apprenti ne se fût engagé volontairement.

Dans le premier cas, le conseil aurait à régler les droits et les intérêts des parties eu égard au temps que le contrat aurait duré, et au temps qu'il devait durer encore.

(1) Le congé d'acquit est un certificat signé par le maître, et constatant que l'apprenti a rempli ses engagements envers lui. (Mollot, n° 228.) On comprend donc que le refus de congé d'acquit, doit causer à l'apprenti un notable préjudice, puisqu'il peut l'empêcher de se placer chez un autre fabricant; aussi les dommages-intérêts sont-ils importants, et nous ne pensons pas comme M. Mollot, que le conseil puisse en diminuer le chiffre. En effet, le texte est sur ce point si précis, qu'il ne nous semble admettre aucune interprétation semblable. « Les dommages-intérêts, dit-il, seront *au moins* du triple du prix des journées depuis la fin de l'apprentissage. »

Or, l'expression *au moins* nous paraît aussi claire que possible. Tout ce que pourra faire le conseil, ce sera de rechercher si l'apprenti a travaillé ailleurs, et de diminuer d'autant le

Les dommages-intérêts seront au moins du triple du prix des journées depuis la fin de l'apprentissage (1).

11. Nul individu employant des ouvriers, ne pourra recevoir un apprenti sans congé d'acquit, sous peine de dommages-intérêts envers son maître (2).

---

nombre des journées qui doivent servir au calcul des dommages-intérêts.

Si l'apprenti est à la *tâche*, et qu'il se trouve débiteur d'un arriéré de tâches au moment où finit le contrat d'apprentissage, il doit l'accomplir ou en payer la valeur. De son côté, le maître ne doit pas laisser grossir indéfiniment les arriérés de tâches, ce qui pourrait dégoûter l'apprenti du travail; si cet état de choses existe, il doit en prévenir les parents et exiger d'eux le paiement des tâches non exécutées, dès qu'il y en a un certain nombre.

(1) Nous ne pensons pas comme M. Mollot, que l'art. 1231 du Code civil puisse être utilement appliqué par le conseil.— Cet article est ainsi conçu :

« *La peine peut être modifiée par le juge lorsque l'obligation principale a été exécutée en partie.* » (Voir la note qui précède.)

(2) La corrélation entre les art. 9, 10 et 11 de notre texte est parfaite : — Si le maître refuse à l'apprenti le congé d'acquit quand celui-ci a rempli ses engagements, il est tenu à des dommages-intérêts envers lui ; — Si, au contraire, l'apprenti abandonne l'atelier au mépris de ses engagements, il encourt une peine semblable à l'égard de son maître.

La loi va plus loin ; elle atteint même le maître qui a reçu un apprenti sans congé d'acquit. En effet, ce maître encourage ainsi la désertion de l'atelier, et cause un véritable préjudice au maître légitime de l'apprenti. De plus, il est présumé agir avec mauvaise foi, du moment qu'il admet chez lui un apprenti privé de son congé d'acquit.

Tels nous paraissent être les motifs de la loi. Maintenant, cherchons à en faire ressortir les conséquences naturelles.

Les conseils de prud'hommes, avons-nous dit précédemment, ne sont pas compétents pour connaître des contestations qui s'élèvent entre fabricants ; or, dans l'espèce, de quoi s'agit-il ? non pas de juger une de ces contestations, mais seulement de forcer l'apprenti à exécuter son contrat, et, pour mieux atteindre à ce but, de punir la mauvaise foi du fabricant qui l'aurait détourné de ses engagements envers son premier maître. La

12. Nul ne pourra, sous les mêmes peines, re-cevoir un ouvrier s'il n'est porteur d'un livret por-

---

contestation n'est donc pas entre deux fabricants,|mais entre un fabricant et un apprenti; c'est donc l'apprenti seul qui est di-rectement attaqué pour la non-exécution de ses engagements, et si le second fabricant est mis en cause, c'est seulement comme ayant entraîné celui-ci, et comme devant répondre so-lidairement avec lui des dommages-intérêts qui seront la con-séquence de la violation du contrat.

D'après l'exposé qui précède, rien n'empêche donc que le conseil ne statue,—autrement ce serait compliquer la question sans nécessité, car il arrivera presque toujours que l'apprenti demandera que le second fabricant qui l'aura détourné soit entendu. Or, dans ce cas, prétentendrait-on l'empêcher de l'appeler en garantie? La présence de ce fabricant ne sera-t-elle pas même indispensable pour l'appréciation des domma-ges-intérêts auxquels l'apprenti sera sans doute condamné? Pourquoi ensuite, au moment même où la loi cherche à le pro-téger, obliger le fabricant lésé à entamer deux actions, une devant le tribunal de commerce contre le second fabricant, l'autre devant le conseil, contre l'apprenti. Disons donc qu'il est impossible d'admettre que les prud'hommes n'aient pas le droit de prononcer la pénalité contenue dans l'art. 11 contre le second fabricant.

La question changerait de face si, négligeant son action con-tre l'apprenti, le premier fabricant voulait agir directement contre le second. Il en serait de même s'il attaquait soit direc-tement, soit indirectement un tiers non fabricant. Dans ce dernier cas, en effet, le tiers non fabricant ne peut être tenu à des dommages-intérêts, parce qu'il aura reçu un apprenti privé de son congé d'acquit, à moins cependant qu'on ne prouve sa mauvaise foi, c'est-à-dire qu'il a cherché à nuire au fabricant en excitant son apprenti à l'abandonner. Ainsi, outre que ce tiers n'est pas justiciable du conseil si on l'attaque directement parce qu'il n'est pas fabricant, il ne peut pas l'être même ac-cessoirement, comme le fabricant, parce que le moyen de pro-céder contre lui est différent. (*Voy.* arrêt de cass. du 11 nov. 1834. — Sirey; t. 34, 1.689. — Art. 6; loi de 1806.—Art. 10, décret de 1809.)

—Le calcul des dommages-intérêts se base surl a perte qu'a éprouvée le fabricant par le départ de son apprenti, et sur le gain dont il a été privé et qu'il aurait pu retirer en le conser-vant. Le préjudice variera donc à l'infini; mais une circonstance où il sera évidemment plus considérable que dans toute autre,

tant le certificat d'acquit de ses engagements, délivré par celui de chez qui il sort (1).

12. La forme de ces livrets et les règles à suivre pour leur délivrance, leur tenue et leur renouvellement, seront déterminées par le gouvernement;

---

sera celle où le second fabricant qui a reçu l'apprenti sans congé d'acquit, exercera la même profession que le premier. (Code civil, art. 1149, 1150 et 1151.) Dans tous les cas, l'évaluation du gain dont celui-ci aura été privé ne pourra être faite sur le travail de plus d'une année, alors même que l'engagement verbal excéderait ce terme, ou que les avances représenteraient plusieurs années de salaires. (Argument tiré de l'art. 15 ci-après.)

(*Voy.* sur toutes ces questions, Mollot, n° 232, et le Moniteur des conseils de prud'hommes, 1er vol., p. 181.)

(1) La loi, après avoir statué dans l'art. 11 à l'égard de l'apprenti, statue dans l'art. 12 à l'égard de l'ouvrier. Les observations sont les mêmes, la rédaction seule en est différente. Notre article dit : *Nul ne pourra*, et non plus comme dans l'article 12 : *Nul individu employant des ouvriers;* — mais il est évident que la même pensée a présidé à la rédaction de tous les deux, et que celui-ci doit être interprété par l'art. 11.

En effet, si un individu employant des ouvriers, sans être pour cela fabricant, détournait, soit un apprenti, soit un ouvrier, de chez son maître, sans que l'un ou l'autre fût porteur du congé ou certificat d'acquit, il n'y aurait pas dans ce fait un acte répréhensible aux yeux de la loi, à moins, toutefois, qu'il ne fût notoirement prouvé que cet individu a agi dans l'intention de causer un préjudice à autrui. — Le conseil ne pourrait donc pas statuer sur la plainte du fabricant contre un tiers, mais seulement sur la plainte du fabricant contre l'ouvrier qui aurait ainsi violé ses engagements. L'action contre le tiers devrait être portée devant un juge de paix.

(*Voy.* l'art. 9 de l'arrêté du 9 frimaire an XII sur les livrets.)

—Remarquons que la peine édictée par les art. 11 et 12 est une peine toute civile, et qu'elle ne peut donner lieu qu'à une action également civile. Il a été jugé, en effet, que l'arrêté du maire qui défend aux fabricants, sous peine d'amende, de recevoir des ouvriers sans livret, excède la compétence du pouvoir municipal. (*Cassation*, 22 *février* 1840.)

La même décision est applicable aux ordonnances du préfet de police.

de la manière prescrite pour les règlements d'administration publique (1)?

14. Les conventions faites de bonne foi entre les ouvriers et ceux qui les emploient seront exécutées (2).

---

(1) Le règlement dont parle notre article est l'arrêté consulaire du 9 frimaire an XII, ci-après rapporté.

Un arrêté du préfet de police, en date du 1er avril 1831, avait prononcé une amende contre les fabricants qui reçoivent des ouvriers sans livret, ou qui négligent de faire viser ces pièces par le commissaire de police ; mais la Cour de cassation a décidé que cet arrêté excédait le pouvoir que tient de la loi le fonctionnaire qui l'avait rendu, et que l'action qui résulte de l'infraction à l'art. 12 de la loi de germinal est purement civile et se résout par des dommages-intérêts. (*Voy.* arrêts de cass., 15 juill. 1830, 22 fév. et 14 nov. 1840.)

(2) Notre article ne s'explique pas davantage sur les conventions qui interviennent entre les fabricants et les ouvriers, conventions cependant qui peuvent varier à l'infini et donner lieu aux différends les plus nombreux. Nous devons donc compléter cette importante matière, en nous reportant aux principes généraux du droit civil inscrits au Code sous le titre III, art. 1101 et suiv.

Déjà nous avons vu dans la note de l'art. 9 qui précède, et à l'occasion du contrat d'apprentissage, que ce contrat ne pouvait pas être valablement fait par un mineur. Sans répéter ce que nous avons dit à cette occasion, ajoutons ici que les mêmes règles en matière de capacité sont applicables à tous, et par conséquent à l'ouvrier mineur. (Art. 1123, 1124 et 1125, Code civil.)

— Ajoutons également que les conventions une fois arrêtées entre un fabricant et un ouvrier capable de s'engager, sont valables par leur seul consentement, à moins que ce consentement ne soit le résultat de l'erreur, de la violence ou du dol. (Art. 1109, Code civil.)

Si donc ces conventions n'étaient pas constatées par écrit, la preuve par témoins pourrait être admise, pourvu que l'objet de chaque convention n'excédât pas 150 fr. (Art. 1341, Code civil.)

On sait, par tout ce que nous avons dit précédemment, que l'inexécution des conventions de la part de l'une ou de l'autre des parties, se résout en dommages-intérêts au profit de la partie qui a exécuté les siennes. (Art. 1142, 1146 et suiv., et 1184 du Code civil.)

— Voyez également les art. 1382, 1383 et 1384 du même Code, desquels il résulte qu'on est responsable, non-seulement du préjudice que l'on cause à autrui par son propre fait, mais encore de celui qui est causé par le fait de personnes dont on doit répondre, telles qu'enfants mineurs, élèves, apprentis, domestiques.

Ces principes généraux expliqués, il devient facile d'en faire l'application à toute espèce de conventions. Aussi nous bornerons-nous à examiner les deux contrats qui interviennent le plus souvent entre les maîtres et les ouvriers.

Le Code civil, dans son article 1779, définit ainsi ces deux contrats :

Il y a trois espèces de louage d'ouvrage et d'industrie :

1° *Le louage des gens de travail, qui s'engagent au service de quelqu'un ;*

2° *Celui des voituriers, etc., etc.* — (Nous omettons ce paragraphe, qui est étranger à notre matière.)

3° *Celui des entrepreneurs d'ouvrages, par suite de devis et marchés.*

La première espèce de louage comprend donc tous ceux qui, soit dans les fabriques, soit ailleurs, louent leurs services pour un temps plus ou moins long et moyennant un salaire qui se paie par jour, par quinzaine, ou par mois.

La deuxième espèce de louage comprend les ouvriers qui travaillent à façon, à la tâche ou à la pièce, et qui sont payés d'après la quantité de travail qu'ils exécutent.

Le contrat qui interviendra entre le maître fabricant et les *gens de travail*, c'est-à-dire ceux qui sont compris dans la première espèce de louage, sera le plus souvent un contrat verbal à cause de son peu d'importance. Toutefois le livret de l'ouvrier, constatant les sommes qui lui ont été payées antérieurement à titre de salaire, donnera presque toujours des indices suffisants pour terminer les contestations qui s'élèveraient sur ce salaire. Dans le cas contraire, il y aurait lieu d'appliquer l'art. 1781 du Code civil ainsi conçu :

Le maître est cru sur son affirmation,— pour la quotité des gages ; — pour le paiement du salaire de l'année échue ; — et pour les à-compte donnés pour l'année courante.

Cette affirmation serait reçue sous serment. (Art. 1358 et 1360 du Code civil.) L'ouvrier aurait même le droit de requérir la prestation de ce serment, si le maître opposait la prescription du salaire. (Art. 2275, id.)

Cette prescription résulte de l'art. 2271, § 3, du même Code, ainsi conçu :

L'action des ouvriers et gens de travail, pour le paiement de leurs journées, fournitures et salaires, se prescrit par six mois.

—Remarquons que si l'ouvrier était employé au jour, à la quinzaine, ou au mois, la prescription ne pourrait être invoquée que pour les jours, les quinzaines ou les mois qui excéderaient le délai de six mois dont parle l'art. 2271, et qu'une citation devant le conseil des prud'hommes interromprait suffisamment cette prescription.

— Quant aux ouvriers à façon, leurs obligations sont définies plus longuement par le Code civil.

Nous citerons chacun des articles qui les concernent, en les faisant suivre de quelques explications :

—Art. 1787. *Lorsqu'on charge quelqu'un de faire un ouvrage, on peut convenir qu'il fournira seulement son travail ou son industrie, ou bien qu'il fournira aussi la matière.*

Comme on va le voir, les conséquences du contrat seront bien différentes si l'ouvrier fournit la matière outre son travail, ou s'il ne fournit que son travail et son industrie seulement.

— Art. 1788. *Si, dans le cas où l'ouvrier fournit la matière, la chose vient à périr, de quelque manière que ce soit, avant d'être livrée, la perte en est pour l'ouvrier, à moins que le maître ne fût en demeure de recevoir la chose.*

Le principe en cette matière est, en effet, que la chose périt pour le compte de celui qui en est propriétaire : Dans l'espèce, c'est bien l'ouvrier qui en est propriétaire; il eût donc été injuste d'en faire payer le prix au maître, par quelque cause que la chose eût péri, même par imprudence ou par force majeure.

Au contraire, si l'ouvrage une fois terminé, l'ouvrier avait mis le maître en demeure de le recevoir, c'est-à-dire si par un acte quelconque ou même par des démarches, l'ouvrier prouvait qu'il a offert au maître de lui livrer ce même ouvrage, le conseil des prud'hommes devrait en imputer la perte au maître, car cette perte n'aurait eu lieu que par la faute de celui-ci.

(*Voy.* art. 1139, 1234, 1302 et 1303 du Code civil.)

— Art. 1789. *Dans le cas où l'ouvrier fournit seulement son travail ou son industrie, si la chose vient à périr, l'ouvrier n'est tenu que de sa faute.*

Le fabricant, en effet, est seul propriétaire de la chose, l'ouvrier ne l'a eue chez lui que pour la préparer par son industrie

15. L'engagement d'un ouvrier ne pourra excéder un an, à moins qu'il ne soit contre-maître, conducteur des autres ouvriers, ou qu'il n'ait un traitement et des conditions stipulées par un acte exprès (1).

à recevoir une destination conforme à la volonté du maître; il est donc juste que l'ouvrier ne soit tenu d'en payer la valeur que si la perte vient de sa faute.

(*Voy.* art. 1382 et 1383, Code civil.)

— Art. 1790. *Si, dans le cas de l'article précédent, la chose vient à périr, quoique sans aucune faute de la part de l'ouvrier, avant que l'ouvrage ait été reçu, et sans que le maître fût en demeure de le vérifier, l'ouvrier n'a point de salaire à réclamer, à moins que la chose n'ait péri par le vice de la matière.*

Cet article a pour but d'éviter toutes les contestations qui pourraient naître sur la confection de l'ouvrage, confection impossible à vérifier puisque l'ouvrage a péri.

(*Voy.* art. 1139 du Code civil.)

— Art. 1791. *S'il s'agit d'un ouvrage à plusieurs pièces ou à la mesure, la vérification peut s'en faire par parties : elle est censée faite pour toutes les parties payées, si le maître paie l'ouvrier en proportion de l'ouvrage fait.*

(*Voy.* art. 1350 et 1352, Code civil.)

— 1794. Le maître peut résilier, par sa seule volonté, le marché à forfait quoique l'ouvrage soit déjà commencé, en dédommageant l'entrepreneur de toutes ses dépenses, de tous ses travaux, et de tout ce qu'il aurait pu gagner dans cette entreprise.

(*Voy.* art. 1149 et 1382 du Code civil.)

— Art. 1795. *Le contrat de louage est dissous par la mort de l'ouvrier....*

— Art. 1796. *Mais le propriétaire est tenu de payer en proportion du prix porté par la convention, à leur succession, la valeur des ouvrages faits et celle des matériaux préparés, lors seulement que ces travaux ou ces matériaux peuvent lui être utiles.*

Art. 1797. *L'entrepreneur répond du fait des personnes qu'il emploie.*

(*Voy.* les art. 1122, 1237, 724, 1134, 1384, 1798 et 1799 du Code civil.)

(1) En principe, l'engagement de l'ouvrier ne peut excéder une année, sauf à l'expiration de ce terme, à contracter un nouvel engagement pour une autre année, et ainsi de suite.—Une

même pensée a dicté la présente disposition et l'art. 1780 du Code civil, c'est-à-dire que le législateur a voulu que l'ouvrier, par inexpérience ou par obsession, ne pût pas aliéner sa liberté pour un temps trop long.

Si l'ouvrier contrevenait à cette sage disposition, il ne serait point tenu à des dommages-intérêts envers son maître, en cas d'inexécution de sa part des engagements qu'il aurait pris. — En effet, on conçoit que s'il en était autrement, l'ouvrier qui aurait inconsidérément contracté un engagement de dix, quinze ou vingt ans, se trouverait exposé, dans le cas de non-exécution, à des dommages-intérêts au paiement desquels sa vie entière ne pourrait quelquefois pas suffire.

—Cependant, à ce principe la loi indique trois exceptions :

1° *Si l'ouvrier est contre-maître ;*

2° *S'il est conducteur d'autres ouvriers ;*

3° *S'il a un traitement et des conditions stipulées par un acte exprès.*

Le motif des deux premières exceptions, c'est que le maître ayant besoin pour la direction de sa fabrique d'une personne sur laquelle il puisse se reposer, a par cela même intérêt à conserver le plus longtemps possible celle qui lui offre les garanties qu'il recherche. — Du reste, cette disposition est autant à l'avantage du maître que de l'ouvrier, puisque celui-là ne confierait pas les fonctions de contre-maître ou de conducteur de ses ouvriers, à un homme qu'il n'aurait pas la certitude de garder à son service un certain laps de temps.

Voici maintenant quel est le motif de la dernière exception :

Si l'ouvrier a l'aptitude et l'intelligence qu'exigent son état et les fonctions dont il est chargé, le maître doit avoir intérêt à se l'attacher en lui faisant les meilleures conditions possibles : de son côté, l'ouvrier peut craindre que son maître ne vienne à le congédier pour en prendre un plus habile. —Dans cette double position, la loi permet au maître et à l'ouvrier de faire un acte qui les engage réciproquement pour plusieurs années consécutives. Mais bien qu'il s'agisse ici d'un contrat synallagmatique, s'il était fait dans l'intention d'éluder le principe de notre article 15, et qu'il contînt un engagement excessif, les conseils de prud'hommes auraient virtuellement le droit de l'annuler.

TITRE IV.

DES MARQUES PARTICULIÈRES.

———

16. La contrefaçon des marques particulières que tout manufacturier ou artisan a le droit d'appliquer sur les objets de sa fabrication donnera lieu, 1° à des dommages-intérêts envers celui dont la marque aura été contrefaite; 2° à l'application des peines prononcées contre le faux en écritures privées (1).

17. La marque sera considérée comme contre-

———

(1) Les *marques* ont leur législation particulière, comme les *inventions* ont la leur, et les unes et les autres constituent une véritable propriété qui, pour être reconnue, est soumise à l'accomplissement de certaines formalités. Ainsi une marque quelconque ne devient la propriété incontestable d'un fabricant, que du moment qu'il a déposé le type de cette marque au secrétariat du conseil des prud'hommes, et au greffe du tribunal de commerce. (*Voy.* art. 18 ci-après. — *Voy.* aussi loi de 1806, art. 14 et suiv. — Décret du 11 juin 1809, art. 4 et suiv. et la note. — Pour les marques de coutellerie et de quincaillerie, *voy.* arrêté du 23 nivôse an IX, et décret du 5 sept. 1810, art. 2 et suiv. — Pour les marques de savons, *voy.* décrets des 1er avril et 18 sept. 1811. — *Voy.* à l'*appendice* le nouveau projet de loi sur les marques.)

La contrefaçon de la marque donne lieu à deux actions : l'action civile et l'action criminelle. L'action civile ne peut être exercée que devant le tribunal de commerce ; mais, avant tout, le conseil des prud'hommes concilie les parties, s'il le peut, et, s'il ne le peut pas, donne son avis sur la suffisance ou l'insuffisance de la marque. (Art. 6, décret de 1809.)

L'action criminelle se poursuit devant les Cours d'assises, à la différence du délit d'usurpation de nom qui est déféré aux tribunaux correctionnels.

(*Voy.* art. 142, 143, 150, 164 et 165 du Code pénal ; — Loi du 28 juill. 1824, art. 1 et 2 sur le délit d'usurpation de nom ; — et art. 423 du Code pénal. *Voy.* la note de l'art. 4 du décret de 1809.)

faite quand on y aura inséré ces mots : *façon de...*, et à la suite le nom d'un autre fabricant ou d'une autre ville (1).

Mais s'il s'agit de marques de coutellerie ou de quincaillerie, les prud'hommes sont compétents pour juger l'action civile comme l'action criminelle. (*Voy.* l'art. 1er, décret du 5 sept. 1810, qui punit cette contrefaçon d'une amende de 300 à 600 fr., et d'un emprisonnement de six mois au plus.)

Pour l'une comme pour l'autre action, les juges apprécieront la bonne ou la mauvaise foi du contrefacteur. Ainsi, on peut créer sans le savoir une marque qui existe déjà ; le délit disparaît alors si la bonne foi est prouvée. — Cependant, il pourrait arriver qu'il y eût négligence du fabricant, qui, avant d'adopter une marque, n'aurait pas suffisamment examiné les modèles déposés au greffe du tribunal de commerce et au secrétariat des conseils de prud'hommes. Cette négligence seule suffirait pour le faire condamner à des dommages-intérêts dont l'importance serait déterminée d'après le préjudice qui en aurait été la suite. (Art. 1382 du Code civil.)

Si le fabricant attaqué comme contrefacteur, demande et obtient devant le tribunal de commerce, la déchéance ou la nullité des droits de celui qui se préendait propriétaire de la marque contrefaite, il va de soi que non-seulement le délit disparaît, mais encore que la marque contestée tombe dans le domaine public, ou devient la propriété du fabricant prévenu d'abord de l'avoir contrefaite, si toutefois il a eu le soin de remplir préalablement les formalités relatives au dépôt. (*V.* arrêt de cass. du 26 mars 1842.)

(1) D'après cet article, la contrefaçon résulterait des mots : *façon de...*, insérés dans la marque, et du nom, à la suite, d'un autre fabricant ou d'une autre ville ; mais cette disposition rigoureuse et même injuste, et qui n'établit pas d'une manière absolue la contrefaçon, a été considérée avec plus de raison comme constituant le délit d'usurpation de nom, délit prévu par la loi du 28 juill. 1824, laquelle renvoie à l'art. 423 du Code pénal pour l'application de la peine, qui est de trois mois à un an de prison, et d'une amende de 50 fr. au moins, et du quart au plus, des dommages-intérêts prononcés au profit de la partie lésée. (*Voy.* la note de l'art. 4 du décret de 1809, et Faustin-Hélie, *Théorie du Code pénal*, 3e volume, page 249 et suiv.)

La contrefaçon, selon nous, est la similitude, sinon parfaite, du moins sensible, qui peut exister entre la marque contrefaite

18. Nul ne pourra former action en contrefaçon de sa marque, s'il ne l'a préalablement fait connaître d'une manière légale, par le dépôt d'un modèle au greffe du tribunal de commerce d'où relève le chef-lieu de la manufacture ou de l'atelier (1).

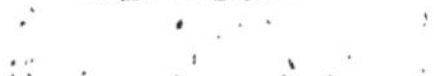

TITRE V.

DE LA JURIDICTION.

19. Toutes les affaires de simple police entre les ouvriers et apprentis, les manufacturiers, fabricants et artisans, seront portées, à Paris devant le préfet de police, devant les commissaires généraux de police dans les villes où il y en a d'établis, et, dans les autres lieux, devant le maire ou un des adjoints.

Ils prononceront sans appel les peines applicables aux divers cas, selon le Code de police municipale.

Si l'affaire est du ressort des tribunaux de police correctionnelle ou criminelle, ils pourront ordonner l'arrestation provisoire des prévenus, et les faire traduire devant le magistrat de sûreté (2).

---

et la marque qu'on a tenté de contrefaire. L'imperfection même prouve la mauvaise foi, car tout en imitant on a cherché à créer des différences évidemment pour se soustraire à l'action de la loi.

(1) Cet article doit être complété par l'art. 7 du décret de 1809, qui exige, en outre, le dépôt d'un modèle au secrétariat du conseil des prud'hommes. (*Voy.* pour le renvoi au différentes lois, la note sur l'art. 16 ci-dessus.)

(2) A l'époque ou fut promulguée notre loi de germinal, les conseils de prud'hommes n'étaient pas encore institués. Cependant, il fallait établir une juridiction qui terminât promp-

20. Les autres contestations seront portées devant les tribunaux auxquels la connaissance en est attribuée par les lois.

21. En quelque lieu que réside l'ouvrier, la juridiction sera déterminée par le lieu de la situation des manufactures ou ateliers dans lesquels l'ouvrier aura pris du travail (1).

---

tement les affaires de simple police qui pouvaient s'élever entre fabricants et ouvriers. Cette juridiction fut attribuée au préfet de police à Paris, et aux commissaires généraux de police ou aux maires dans les provinces. Depuis lors, le tribunal de police a été organisé sur des bases particulières. (*Voy.* art. 138, 144 et 166 du Code d'instruction criminelle.) C'est le juge de paix ou le maire, assistés du commissaire de police, faisant fonctions de ministère public, qui seuls peuvent connaître des contraventions de police entre fabricants et ouvriers. Toutefois, depuis l'institution des prud'hommes, les conseils sont compétents, concurremment avec les tribunaux de police. (*Voy.* décret, 3 août 1810, art. 4.)

Les peines que le tribunal de police peut appliquer, sont celles des art. 464 et suiv. du Code pénal, c'est-à-dire, l'emprisonnement de un à cinq jours, l'amende de 1 à 16 fr. et la confiscation des objets qui ont servi à consommer la contravention; mais les prud'hommes ne pourraient, dans aucun cas, prononcer de peines supérieures à celles édictées dans l'art. 4 du décret du 3 août 1810.

(*Voy.* pour plus ample explication, la note de l'art. 4, décret du 3 août 1810. — *Voy.* aussi art. 48, 49, 50 et 160 du Code d'intruction criminelle.)

(1) *Voy.* art. 11 du décret de 1809.— C'est l'application du principe admis en matière criminelle, à savoir, que le tribunal compétent est celui du lieu où le délit a été commis, et non celui du domicile du prévenu.

ARRÊTÉ

RELATIF A L'ORGANISATION DES CHAMBRES CONSULTATIVES DE MANUFACTURES, FABRIQUES, ARTS ET MÉTIERS.

Du 10 thermidor an xi.

Le gouvernement de la république, sur le rapport du ministre de l'intérieur.

Vu les art. 1, 2, 3, titre 1ᵉʳ de la loi du 22 germinal an xi, relative à l'établissement de chambres consultatives pour les manufactures, fabriques arts et métiers, dans les communes où le gouvernement jugerait convenable d'en placer;

Le conseil d'Etat entendu, arrête :

ARTICLE PREMIER. Les chambres consultatives de manufactures, fabriques, arts et métiers, qui seront établies dans les communes désignées par le gouvernement, conformément à l'art. 1ᵉʳ de la loi du 22 germinal an xi, seront composées chacune de six membres, et présidées par les maires des lieux ou elles seront placées : dans les communes où il se trouve plusieurs maires, le préfet présidera la chambre, ou désignera celui qui devra le remplacer (1).

2. Nul ne pourra être reçu membre d'une chambre consultative, s'il n'est manufacturier, fabricant, directeur de fabrique, ou s'il n'a exercé une de ces professions pendant cinq ans au moins.

3. Les foctions desdites chambres seront uniquement de faire connaître, conformémens aux dispositions de l'art. 3 de la loi du 22 germinal, les

---

(1) *Voy.* l'arrêté du 3 nivôse an xi relatif à l'établissement des chambres de commerce.

besoins et les moyens d'amélioration des manufactures, fabriques, arts et métiers (1).

4. Les chambres de commerce rempliront les fonctions précitées, dans les communes où le gouvernement n'aura pas établi de chambres consultatives de manufactures, fabriques, arts et métiers.

5. Les chambres consultatives enverront leurs projets et mémoires au sous-préfet de leur arrondissement, qui les transmettra avec ses observations au préfet ; les préfets seront tenus de les adresser au ministre avec leur avis.

6. Pour procéder à la première formation des chambres consultatives, les préfets, et, à leur défaut, les maires dans les villes qui ne sont pas chefs-lieux de préfecture, réuniront sous leur présidence, de vingt à trente des fabricants et manufacturiers les plus distingués par l'importance de leurs établissements lesquels procéderont par scrutin secret, et à la pluralité des suffrages, à l'élection des membres qui doivent composer la chambre.

7. Les membres de la chambre seront renouvelés par tiers, tous les ans ; les membres sortants pourront être réélus.

Aux deux premiers renouvellements, le sort décidera quels sont ceux qui doivent sortir.

Les remplacements se feront par la chambre, à la majorité absolue des suffrages.

8. Les maires des lieux où il sera établi des chambres consultatives de manufactures, fourniront un local convenable pour la tenue de leurs séances.

9. Les menus frais de bureau auxquels cette tenue donnera lieu, feront partie des dépenses des communes, seront portés dans leurs budgets et acquittés sur leurs revenus.

____

(1) Voy. l'art. 4 de l'arrêté du 3 nivôse an XI, et les art. 34 et 35 de la loi de 1806.

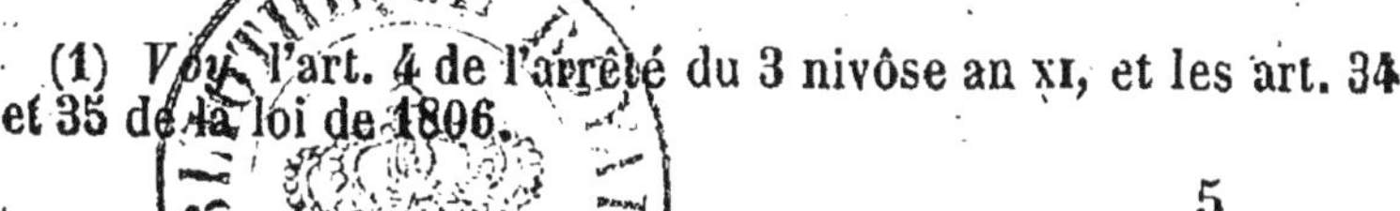

5

ARRETÉ

RELATIF AU LIVRET DES OUVRIERS TRAVAILLANT EN QUALITÉ DE COMPAGNONS OU GARÇONS (1).

Du 9 frimaire an XII.

ARTICLE PREMIER. A compter de la publication du présent arrêté, tout ouvrier, travaillant en qualité de compagnon ou garçon, devra se pourvoir d'un livret (2).

---

(1) Cet arrêté, rendu en exécution de l'art. 13 de la loi du 22 germinal an XI, n'a jamais été complétement exécuté, faute de sanction pénale contre les maîtres ou les ouvriers délinquants. Une loi sur les livrets est donc devenue nécessaire, et, à notre avis, elle l'est d'autant plus, qu'en ce moment les ouvriers non patentés réclament pour eux le droit d'éligibilité aux fonctions de prud'hommes; n'est-il pas urgent, dès lors, que le pouvoir législatif se prononce sur une réclamation qui paraît légitime, et décide s'il y a lieu d'admettre les ouvriers à livret dans les conseils de prud'hommes, soit comme électeurs, soit comme juges, avec ou sans conditions.

Dans ce but, sans doute, un projet de loi sur les livrets a été présenté, il y a quelques mois, à la chambre des pairs; mais nous ne craignons pas de dire que ce projet est loin de répondre à l'attente générale et de résoudre toutes les difficultés. Aussi, espérons-nous que les discussions auxquelles il a déjà donné lieu, engageront son auteur ou les chambres, à son défaut, à y apporter d'importantes modifications. (*V.* ce projet à l'*appendice.*)

Voy. les art. 20 et suiv. de la loi de 1806, établissant, pour les chefs d'ateliers et les entrepreneurs d'ouvrage à façon, des livres d'acquit analogues aux livrets d'ouvriers, livres qui servent de même au règlement de leurs comptes avec les négociants.

(2) L'arrêté définit le sens qu'il donne au mot ouvrier, en le faisant suivre des expressions compagnon ou garçon. Il faut en conclure que les chefs d'atelier, les contre-maîtres et les ouvriers patentés sont dispensés du livret; mais nous sommes d'avis que cette pièce est obligatoire pour l'apprenti. (*Voyez* l'art. 6 de la loi du 22 mars 1841 sur le travail des enfants dans les manufactures. *Voy.* aussi l'art. 1er de l'arrêté du préfet du 8 janv. 1845.)

L'ouvrier ne doit jamais se séparer de son livret, à moins,

2. Ce livret sera en papier libre, coté et paraphé sans frais, savoir : à Paris, Lyon et Marseille, par un commissaire de police ; et, dans les autres villes, par le maire ou l'un des adjoints. Le premier feuillet portera le sceau de la municipalité, et contiendra le nom et les prénoms de l'ouvrier, son âge, le lieu de sa naissance, son signalement, la désignation de sa profession et le nom du maître chez lequel il travaille (1).

3. Indépendamment de l'exécution de la loi sur les passeports, l'ouvrier sera tenu de faire viser son dernier congé par le maire ou son adjoint, et de faire indiquer le lieu où il se propose de se rendre.

Tout ouvrier qui voyagerait sans être muni d'un livret ainsi visé, sera réputé vagabond, et pourra être arrêté et puni comme tel (2).

---

toutefois, que le maître dans la fabrique duquel il est admis ne désire le garder entre ses mains. (Art. 5 ci-après.)

—Les femmes ouvrières sont-elles tenues d'avoir un livret ? La loi, se servant de termes généraux, ne semble pas vouloir faire d'exception ; et de son esprit il résulte que, si l'ordre public n'y est pas intéressé, il y a cependant les mêmes motifs de l'exiger, en vue de recouvrer les créances des fabricants pour lesquels travaillent ces ouvrières.

(1) Le livret est exigé de l'ouvrier dans un double but qu'il est facile de saisir. D'abord, il faut bien le reconnaître, par un motif d'ordre public, en facilitant, à l'aide de cette mesure, la surveillance de l'autorité publique ; et ensuite, afin que l'ouvrier ne puisse se soustraire aux engagements pris par lui envers les maîtres qui le font travailler. Quant aux diverses formalités exigées par notre article et par l'art. 11 ci-après, elles tendent à empêcher l'ouvrier de détourner les matières qui lui ont été confiées, et de s'approprier les avances qui lui ont été faites, ce qui pourrait arriver s'il n'était pas obligé de représenter son livret chaque fois qu'il change de maître.

(2) Cette disposition exige que l'ouvrier qui voyage soit porteur d'un passeport et d'un livret, afin de rendre plus facile la surveillance continuelle dont elle veut qu'il soit l'objet ; en outre, elle lui impose l'obligation de faire viser son dernier congé par le maire de la commune qu'il doit quitter, et d'indiquer le lieu où il se propose de se rendre ; le tout à peine d'être réputé vagabond et traité comme tel.

4. Tout manufacturier, entrepreneur, et généralement toutes personnes employant des ouvriers, seront tenus, quand ces ouvriers sortiront de chez eux, d'inscrire sur leur livret un congé portant acquit de leurs engagements, s'ils les ont remplis. Les congés seront inscrits sans lacune, à la suite les uns des autres : ils énonceront le jour de la sortie de l'ouvrier (1).

5. L'ouvrier sera tenu de faire inscrire le jour de son entrée sur son livret, par le maître chez lequel il se propose de travailler, ou, à son défaut, par les fonctionnaires publics désignés en l'art. 2, et sans frais, et de déposer le livret entre les mains de son maître, s'il l'exige (2).

On comprend combien cette disposition est dure, et surtout combien elle est blessante, quand on pense qu'elle n'est pas sans analogie avec la peine de la surveillance : aussi est-il vrai de dire qu'elle n'a jamais été rigoureusement appliquée par les tribunaux.

Quoi qu'il en soit, la loi existe, et les art. 271 et 463 du Code pénal pourraient être invoqués dans l'espèce, pour punir l'ouvrier qui ne se serait pas conformé au présent article. — (*Voy.* le décret du 1er février—28 mars 1792 sur les passe-ports.)

(1) Si l'ouvrier est resté débiteur du maître, mention en sera faite, afin que le nouveau maître qui viendrait à l'employer puisse opérer la retenue dont parle l'art. 9 ci-après, et ne soit pas frappé de la responsabilité mentionnée dans l'art. 12 de la loi du 22 germinal an XI.

Le livret ne doit contenir aucune mention relative à la moralité de l'ouvrier. — L'ouvrier qui aurait à se plaindre de pareille mention, se pourvoirait devant le conseil des prud'hommes, lequel en ordonnerait immédiatement la radiation, et pourrait même condamner le fabricant qui l'aurait faite à des dommages-intérêts, si elle avait empêché l'ouvrier de trouver à s'employer. (*V.* les art. 9 et suiv. de la loi de germinal; les art. 20 et suiv. de la loi de 1806, et l'art. 67 du décret de 1809.)

(2) Deux intérêts se trouvent en présence : celui des premiers fabricants qui ont employé l'ouvrier, et celui des fabricants subséquents.

6. Si la personne qui a occupé l'ouvrier refuse, *sans motif légitime*, de remettre le livret ou de délivrer le congé, il sera procédé contre elle de la manière et suivant le mode établi par le titre V de la loi du 22 germinal. En cas de condamnation, les dommages-intérêts adjugés à l'ouvrier seront payés sur-le-champ (1).

Le paiement des créances des premiers est assuré en vertu de l'art. 9 ci-après : 1° s'ils ont mentionné leur créance sur le livret ; 2° si la date de l'entrée de l'ouvrier est inscrite sur son livret.

D'un autre côté, la responsabilité des fabricants subséquents est à couvert, si le livret contient la mention du congé d'acquit.

Mais si le livret ne contient pas cette mention, et qu'i ne contienne pas non plus la mention des créances des premiers fabricants, ceux-ci sont présumés en avoir abandonné le montant, pour le moment du moins.—Dans ce cas, le fabricant subséquent qui aurait payé le salaire à l'ouvrier, ne pourrait pas, en l'absence de la mention, être passible d'une retenue qu'il n'a pas pu opérer au profit de créanciers dont il ignorait même l'existence, et qui doivent subir les conséquences de leur négligence ou de leur abandon.

Quoi qu'il en soit, ce fabricant fera bien, pour éviter toute contestation, de mentionner sur le livret l'entrée de l'ouvrier dans ses ateliers : il ne pourrait même pas s'y refuser, si celui-ci ou ses créanciers l'exigeaient, sous peine de devenir débiteur de sommes égales aux retenues prescrites par l'art. 9.

—Les fonctionnaires dont parle notre article, et auxquels devrait s'adresser l'ouvrier, sur le refus du fabricant de mentionner son entrée sur son livret, sont : le maire ou son adjoint et le commissaire de police.

—D'après les termes mêmes de notre article, il ne semble pas que le fabricant qui exige la remise du livret soit obligé de déduire ses motifs ; du reste, lorsque le fabricant fera des avances à l'ouvrier, ou lui confiera des matières en compte, cette remise aura presque toujours lieu, afin de constater la position pécuniaire de l'ouvrier envers son maître, dans le cas où il cesserait de travailler. (*Voy.* art. 11 et 12 de la loi de germinal an XI.)

(1) Notre article ne fait que consacrer un principe d'équité. On comprend, en effet, que l'ouvrier ne peut pas être privé de son livret : du moment qu'il le réclame, son maître doit le

7. L'ouvrier qui aura reçu des avances sur son salaire, ou contracté l'engagement de travailler un certain temps, ne pourra exiger la remise de son livret et la délivrance de son congé, qu'après avoir acquitté sa dette par son travail et rempli ses engagements, si son maître l'exige (1).

---

lui rendre. Cette restitution devrait avoir lieu, aux termes de l'art. 8 ci-après, quand bien même l'ouvrier resterait débiteur du maître, si ce dernier lui refusait du travail ou son salaire; à plus forte raison notre article prescrit-il de rendre le livret et de délivrer le congé à l'ouvrier qui se trouve libre de tout engagement et qui ne doit rien au fabricant pour lequel il a travaillé.

Mais les termes : *sans motif légitime*, font supposer que, dans certains cas, le fabricant est en droit de refuser la restitution du livret; et, en effet, l'article suivant les énumère.

Le mode à suivre pour terminer les différends qui peuvent s'élever à ce sujet entre fabricants et ouvriers, se règle conformément au titre V de la loi de germinal, auquel notre article renvoie; il en résulte que le juge de paix et le maire, jugeant comme tribunal de simple police, sont compétents, même pour prononcer des dommages-intérêts. (*Voy.* art. 159, Code d'inst. crim.) Mais depuis la loi de 1806, partout où il existe un conseil de prud'hommes, la contestation devra y être portée de préférence. (*Voy.* art. 4, décret du 3 août 1810.)

(1) Si l'ouvrier viole ses engagements, ou s'il se trouve débiteur d'un fabricant, soit pour avances sur son salaire, soit pour remise de matières en compte, et qu'il veuille quitter l'atelier avant d'avoir payé sa dette, le fabricant a le droit de retenir le livret et de refuser le congé d'acquit. Voilà les *motifs légitimes* qui font exception à l'art. 6. L'ouvrier ainsi privé de son livret ne pourra trouver de travail ailleurs, il sera donc forcé de revenir travailler pour le compte du fabricant dont il est resté le débiteur. Si l'ouvrier persiste à ne point retourner à l'atelier qu'il a quitté, la contrainte qu'il éprouve, par suite de cette persistance, doit cependant avoir un terme. Aussi le fabricant qui consentirait à lui remettre son livret aura-t-il le droit d'y inscrire le montant des avances qu'il lui a faites ou la valeur des matières qu'il lui a confiées, ou, enfin, le montant des dommages-intérêts auxquels aura été condamné cet ouvrier pour avoir quitté son maître avant le terme de son engagement. De son côté l'ouvrier qui aura été privé de son livret pendant tout le temps qui restait à courir jusqu'à l'expiration

8. S'il arrive que l'ouvrier soit obligé de se retirer, parce qu'on lui refuse du travail ou son salaire, son livret et son congé lui seront remis, encore qu'il n'ait pas remboursé les avances qui lui ont été faites : seulement le créancier aura le droit de mentionner la dette sur son livret (1).

9. Dans le cas de l'article précédent, ceux qui emploieront ultérieurement l'ouvrier, feront, jusqu'à entière libération, sur le produit de son travail, une retenue au profit du créancier. — Cette retenue ne pourra, en aucun cas, excéder les deux dixièmes du salaire journalier de l'ouvrier ; lorsque la dette sera acquittée, il en sera fait mention sur le livret. — Celui qui aura exercé la retenue sera tenu d'en prévenir le maître au profit duquel

---

de son engagement, aura le droit d'en exiger la restitution, une fois cette expiration arrivée, sauf au fabricant à le faire condamner à des dommages-intérêts dont il inscrira le montant sur le livret. En un mot, dans l'intérêt du fabricant qui veutêtre payé, comme dans l'intérêt de l'ouvrier qui a besoin de travailler, la remise du livret ne pourra être refusée que dans les cas strictement prévus par la loi, tandis qu'on ne pourra jamais forcer un fabricant à délivrer un congé à l'ouvrier qui sera resté son débiteur ou qui aura violé ses engagements.

(1) Le maître peut ne plus avoir d'ouvrage à donner à l'ouvrier ; peut-être même lui en refuse-t-il, parce qu'il n'est pas content de son travail ; mais alors il est obligé de lui remettre immédiatement son livret, afin qu'il n'éprouve aucun retard à chercher de l'emploi. Le plus faible délai apporté à cette remise se résoudrait en dommages-intérêts.

A plus forte raison le maître devra-t-il remettre le livret, si c'est lui qui rompt l'engagement contracté avec l'ouvrier pour un certain temps, ce qui n'empêchera pas l'ouvrier de réclamer ultérieurement des dommages-intérêts pour inexécution des conventions de la part de son maître ; de même que celui-ci aurait le droit d'en réclamer si l'inexécution venait du fait de l'ouvrier. (*Voy.* art. 12 et 14 de la loi de germinal an XI.) — Dans tous ces cas, comme c'est le maître qui prend l'initiative en refusant du travail ou le salaire, la remise du livret aura lieu, bien que l'ouvrier reste débiteur, car ce n'est pas sa faute s'il ne travaille plus à se libérer.

elle aura été faite, et d'en tenir le montant à sa disposition (1).

10. Lorsque celui pour lequel l'ouvrier a travaillé
ne saura ou ne pourra écrire, ou lorsqu'il sera dé-
cédé, le congé sera délivré, après vérification, par
le commissaire de police, le maire du lieu, ou l'un
de ses adjoints, et sans frais (2).

11. Le premier livret d'un ouvrier lui sera expé-

---

(1) Cette mesure a pour but de garantir le remboursement
des avances qui ont été faites par les fabricans aux ouvriers,
et de permettre aux ouvriers de trouver toujours à travailler
malgré leurs dettes. On comprend, dès lors, qu'il est important de fixer d'une manière exacte et certaine le jour de leur
entrée dans d'autres fabriques, puisque la retenue date de ce
jour et que le fabricant qui négligerait cette formalité s'expo-
serait à payer deux fois.

La retenue ne peut excéder le cinquième du *salaire journalier* de l'ouvrier; par ces mots, la loi entend-elle faire une
différence pour tout ce qui ne serait pas salaire journalier?
Non; la loi prévoit le cas qui arrivera le plus souvent, celui où
l'ouvrier recevra chaque jour son salaire; mais il est évident
que ce salaire, se payât-il à la semaine, au mois ou à l'année,
le cinquième n'en serait pas moins retenu. — Par le mot *ouvrier*, la loi comprend, nous le répétons encore, tous ceux qui
sont contre-maîtres ou chefs d'ateliers, en un mot, tous ceux
qui ne sont pas maîtres.

Toutefois, s'il s'agissait d'appliquer la retenue sur le salaire
d'un ouvrier à façon, la loi n'en frapperait pas le cinquième,
mais le huitième seulement. (*Voy.* art. 25, loi du 18 mars 1806.)

Enfin, notre article oblige le fabricant qui a exercé la retenue à en prévenir le maître au profit duquel elle a été opérée;
mais cela, sans aucune sanction, et même sans fixation de délai. Nous pensons que du moment que le fabricant a reçu chez
lui l'ouvrier débiteur, il s'est formé un quasi-contrat entre lui
et le fabricant créancier (art. 1370 et suiv. Cod. civ.), quasi-
contrat qui le constitue mandataire et le soumet à rendre
compte des retenues qu'il aura faites. Nous pensons en outre
qu'il doit prévenir le fabricant créancier dès que la première
retenue aura été opérée, sous peine de payer les intérêts des
retenues jusqu'au jour de leur versement. (*Voy.* art. 11 et 12
de la loi de germinal an XI.)

(2) *Voy.* art. 11 et 12 de la loi du 22 germ. an XI et la note.

dié : 1° sur la présentation de son acquit d'apprentissage ; 2° ou sur la demande de la personne chez laquelle il aura travaillé ; 3° ou enfin , sur l'affirmation de deux citoyens patentés de sa profession , et domiciliés , portant que le pétitionnaire est libre de tout engagement, soit pour raison d'apprentissage, soit pour raison d'obligation de travailler comme ouvrier (1).

12. Lorsqu'un ouvrier voudra faire coter et parapher un nouveau livret, il représentera l'ancien ; le nouveau livret ne sera délivré qu'après qu'il aura été vérifié que l'ancien est rempli ou hors d'état de servir. Les mentions des dettes seront transportées de l'ancien livret sur le nouveau.

13. Si le livret de l'ouvrier était perdu, il pourra, sur la présentation de son passeport en règle, obtenir la permission provisoire de travailler, mais sans pouvoir être autorisé à aller dans un autre lieu, et à la charge de donner à l'officier de police du lieu (où il réside actuellement) la preuve qu'il est libre de tout engagement, et tous les renseignements nécessaires pour autoriser la délivrance d'un nouveau livret, sans lequel il ne pourra partir (2).

---

(1) Si l'ouvrier pouvait facilement se procurer un nouveau livret, il éluderait les précautions prises pour assurer aux fabricants créanciers le recouvrement de leurs créances. — Différentes formalités sont donc exigées d'abord pour l'obtention d'un premier livret, selon que l'ouvrier a terminé son apprentissage, ou selon qu'il a travaillé sans apprentissage. S'il est libre de tout engagement, il faudra que deux citoyens patentés en fassent la déclaration devant l'autorité chargée de délivrer le livret en vertu de l'art. 2 ci-dessus, et, en cas de fausse déclaration, les créanciers lésés auront un recours contre eux. Mais quand il s'agira de prendre un nouveau livret, l'ancien devra préalablement être représenté, à moins qu'il ne soit perdu, cas prévu par l'art. 13 ci-après. (*Voy.* les art. 12 et 13 ci-après, et les art. 9, 11 et 12 de la loi de germinal an xi.)

(2) *Voy.* art. 3 ci-dessus.

DÉCRET IMPÉRIAL

Du 20 floréal an XIII.

TITRE PREMIER.

GUIMPERIE.

ARTICLE PREMIER. Tout guimpier sera rigoureusement astreint à ne monter sur soie que de la dorure et de l'argenterie fine : tout ce qui sera faux ou mi-fin, devra être monté sur floret ou sur fil.

TITRE II.

ÉTOFFES D'OR ET D'ARGENT.

2. Les étoffes de soie or et argent, croisés, satins, taffetas brochés ou lisérés, velours, toiles d'or et argent, tant pleins que figurés, quelque dénomination qu'on puisse leur donner, fabriqués avec or et argent fin, ne porteront aucune marque distinctive dans la lisière.

3. Toutes les fois que ces mêmes étoffes seront fabriquées avec des dorures fausses ou mi-fines, elles devront porter une barre noire de quarante fils au moins dans chacune des deux lisières.

4. Lorsque dans la fabrication des susdites étoffes, il entrera en même temps et des dorures fines et des dorures fausses ou mi-fines, une seule des deux lisières devra porter la barre noire indiquée par le précédent article.

TITRE III.

VELOURS.

---

5. Les velours à un poil devront porter une chaînette sur chaque lisière;

Ceux à un poil et demi, une chaînette sur l'une desdites lisières et deux sur l'autre.

— Ceux à deux poils auront deux chaînettes sur chaque lisière;

Ceux à deux poils et demi, deux chaînettes sur une lisière, et trois sur l'autre.

— Ceux à trois poils auront trois chaînettes sur chaque lisière;

Ceux à trois poils et demi, trois sur l'une, et quatre sur l'autre.

— Ceux à quatre poils, quatre chaînettes sur chaque lisière.

6. Les velours dans lesquels il entrera des trames ou des organsins crus, devront avoir deux lisières blanches.

TITRE IV.

DISPOSITIONS GÉNÉRALES.

---

7. Toute contravention au présent règlement sera punie de la saisie et confiscation de la marchandise; et, en cas de récidive, par une amende de trois mille francs au plus, indépendamment de la susdite confiscation, conformément à l'art. 5 de la loi du 22 germinal an XI.

— Les marchandises confisquées renfermant des

fils d'or et d'argent faux, seront brûlées sur la place publique.

— Les velours confisqués seront divisés en coupons, et vendus au profit de l'hospice du lieu où le jugement aura été rendu.

—Le jugement sera affiché.

DÉCRET IMPÉRIAL

CONTENANT RÈGLEMENT POUR LA FABRICATION DES DRAPS DESTINÉS AU COMMERCE DU LEVANT.

Du 21 septembre 1807.

TITRE PREMIER.

DE L'ESTAMPILLE IMPÉRIALE ET DES CONDITIONS AUXQUELLES LES DRAPS DESTINÉS POUR LE LEVANT SERONT ASSUJETTIS POUR EN ÊTRE REVÊTUS.

ARTICLE PREMIER. Les draps destinés pour le Levant pourront être marqués d'une estampille qui en garantira la bonne qualité, les dimensions, et la nature de la fabrication.

2. Tous les draps destinés à recevoir l'estampille impériale devront réunir les conditions indiquées pour chaque lieu de fabrication.

3. Pour la fabrique des départements de l'Ardèche, de l'Aude, du Gard, de la Haute-Garonne, de l'Hérault, de la Lozère, du Tarn, les draps fabriqués dans les espèces et les qualités ci-après désignées devront porter au moins le nombre de fils déterminé dans le tableau ci-annexé, sur les dimensions et avec les lisières qui y sont fixées.

GENRES.	QUALITÉS.	Nombre de fils.	Largeur sur le métier entre les lisières.		Largeur après les apprêts entre les lisières.		COULEUR DES LISIÈRES.
			M.	C.	M.	C.	
Mahoux......	Chaly...	3,600	2	48	1	59	Blanche; conserver à la toile un fil blanc entre le drap.
Idem.	Premiers..	3,400	2	48	1	59	Cerise foncé, brune, noire et blanche.
Idem.	Seconds.	3,000	2	38	1	59	Noire et blanche.
Londrin premier.	1ʳᵉ qualité.	3,200	2	38	1	49	Verte, rose et blanche.
Idem.	2ᵉ idem..	2,800	2	38	1	49	Verte et blanche.
Londrin second..	1ʳᵒ idem.	2,600	2	30	1	39	Bleu foncé el blanche.
Idem........	2ᵉ idem..	2,400	2	30	1	39	Bleue et blanche.
Idem........	3ᵉ idem..	2,000	2	30	1	39	Bleu clair et blanche.
Londres large...	»	2,600	2	53	1	49	Blanche.
Londres.	»	2,000	2	38	1	39	Noire.
Nims.	»	2,200	2	38	1	56	Brune et blanche.
Seizains.	»	1,600	2	23	1	19	Blanche et noire.
Abouchouchon..	»	1,600	2	38	1	26	Idem.

Le susdit tableau pourra être modifié d'après les connaissances que procurera le commerce du Levant. Il sera dressé pareil tableau pour chaque fabrique travaillant pour le Levant.

4. Lesdits draps devront être de bon teint.

Ils devront être bien conditionnés, et exempts de tous défauts, comme taches, trous, barres, etc., etc.

S'il se trouvait cependant qu'une pièce de drap ne renfermât que deux ou trois défauts au plus, elle pourrait être admise à l'estampille, en indiquant le défaut par un fil blanc à la lisière.

5. Les draps seront uniformes en force et en bonté dans toute l'étendue de la pièce; et ne pourront les tisserands employer des laines d'autre qualité dans une partie de la pièce que dans le reste.

6. La pièce de drap devra porter le nom du fabricant, le lieu de la fabrique, et la désignation de la qualité de fabrication.

7. Des matrices de toutes les espèces et qualités de tissus destinés au commerce du Levant, portant un mètre de long sur toute la largeur de l'étoffe, seront adressées par le ministre de l'intérieur aux bureaux de vérification et de contrôle indiqués dans le titre suivant, pour servir aux fabricants de modèles auxquels il seront tenus de se conformer dans la fabrication des susdits tissus, et de terme de comparaison aux vérificateurs.

Les vérificateurs ne jugeront que d'après la matrice, dans les lieux de fabriques pour lesquels les règlements portant fixation du nombre des fils, n'auront pas encore été arrêtés.

8. Le nombre de pièces contenues dans un ballot, la largeur et la longueur de chacune d'elles, seront énoncés dans la facture annexée audit ballot.

9. La carte d'échantillon contenue dans la facture et annexée sous le même numéro et la même marque au ballot expédié, devra être rigoureusement conforme aux espèces et qualités qui composeront ce ballot, et faire mention des fils qui peuvent se trouver dans la lisière de quelque pièce.

TITRE II.

DES FORMES SUIVANT LESQUELLES L'ESTAMPILLE SERA APPOSÉE.

10. Il sera établi, dans chaque ville où se fabriquent des draps destinés au Levant, un vérificateur dépositaire du poinçon de l'estampille, et chargé d'examiner si les draps destinés à la recevoir réunissent les conditions prescrites par les articles précédents.

11. Ledit vérificateur sera assisté de quatre jurés pris parmi les fabricants les plus anciens et les mieux réputés, lesquels seront, à cet effet, désignés par le préfet, sur la présentation de la chambre de commerce.

Les prud'hommes seront chargés de ces fonctions dans les villes où cette institution aura été autorisée (1).

12. Les draps seront présentés au vérificateur et aux jurés, après le foulage et les autres apprêts.

On procédera à cette vérification par l'examen de toutes les conditions désignées dans le titre 1er, par l'épreuve des couleurs, et par la comparaison des tissus avec les matrices.

Les draps ne pourront être retenus plus de trois jours pour cette visite.

13. Si la pièce de drap a été reconnue réunir les conditions exigées, il lui sera apposé un plomb portant l'estampille impériale.

---

(1) Voy la note de l'art. 10 de la loi de 1806, page 7, § 5.

Si la carte d'échantillon a été reconnue fidèle, elle recevra un sceau avec la signature du vérificateur.

14. La marque, les plombs et sceaux porteront ces mots : *Estampille impériale.*

Ils indiqueront aussi l'espèce et la qualité du tissu.

Les susdites désignations seront imprimées en français et en arabe.

15. Le verificateur sera nommé par le ministre de l'intérieur ; il ne pourra, dans aucun cas, être pris parmi les fabricants en activité.

Il jouira d'un traitement de 1,800 à 3,000 fr.

16. Il sera établi dans les villes et ports de Marseille, Gênes, Anvers, Turin et Mayence, des bureaux de contrôle pour la vérification des draps destinés pour le Levant et revêtus de l'estampille impériale. Le bureau de contrôle sera placé auprès du bureau de la douane.

17. Le contrôleur examinera :

1° Si l'estampille n'aurait point été contrefaite ;

2° La composition du ballot, et vérifiera s'il renferme bien le nombre des pièces annoncées, et dans les dimensions indiquées par la facture.

Dans le cas de doute sur le premier point, le contrôleur en écrira aux vérificateurs respectifs, pour faire procéder, s'il y a lieu, à un nouvel examen et rapport.

Le ballot vérifié sera revêtu d'un plomb adhérent à la toile d'emballage.

18. Le contrôle terminé, et s'il a donné le résultat prescrit par l'article précédent, le contrôleur en délivrera un certificat, qui sera transmis avec le ballot au bureau des douanes près duquel sera placé le bureau du contrôleur.

Défenses très expresses sont faites aux employés des douanes de laisser expédier pour le Levant aucun des susdits ballots estampillés, s'ils ne sont accompagnés du certificat désigné ci-dessus.

19. Les contrôleurs seront nommés comme les vérificateurs, et jouiront du même traitement.

20. Les vérificateurs et les contrôleurs tiendront un registre, lequel contiendra la date du jour où le drap aura été apporté à la visite, et le résultat de la vérification et du contrôle.

Les prud'hommes ou les jurés signeront à chaque séance, le registre du vérificateur.

Le registre du vérificateur indiquera le bureau d'expédition, pour lequel les draps devront être exportés à la sortie.

Les vérificateurs adresseront, chaque semaine, aux contrôleurs respectifs, un état certifié, portant le relevé de leur registre pour les draps qui doivent être envoyés à leurs contrôles.

Les vérificateurs et contrôleurs adresseront, chaque mois, au ministre de l'intérieur, le relevé de leurs opérations.

21. Les types et modèles de l'estampille impériale, les plombs, les sceaux et les matrices, seront adressées à tous les ambassadeurs et consuls de Sa Majesté en Turquie, en Egypte et dans les Echelles du Levant.

22. Les contrôleurs et vérificateurs seront tenus de verser à la caisse d'amortissement un cautionnement égal au double de leur traitement annuel.

23. Les types et modèles de l'estampille impériale, les plombs, les sceaux, les matrices, seront adressés aux bureaux des douanes, des villes et ports indiqués à l'art. 16.

24. Le fabricant ou négociant qui serait convaincu d'avoir contrefait, falsifié l'estampille impériale, de l'avoir dérobée ou transportée sur une pièce différente de celle vérifiée, sera puni conformément à l'art. 5 de la loi du 22 germinal an XI.

25. Dans le cas où l'estampille impériale aurait été falsifiée à l'étranger, les ministres et consuls de sa Majesté feront poursuivre les auteurs de la contrefaçon , comme coupables de crimes de faux, devant les autorités locales, et d'après la législation établie dans le pays où le délit aurait été commis ; le tout sans préjudice de la juridiction consulaire exercée sur les Français, d'après les lois et conventions établies.

DÉCRET IMPÉRIAL

CONTENANT DES DISPOSITIONS TENDANT A PRÉVENIR OU A RÉPRIMER LA CONTREFAÇON DES MARQUES QUE LES FABRICANTS DE QUINCAILLERIE ET DE COUTELLERIE SONT AUTORISÉS A METTRE SUR LEURS OUVRAGES.

Du 5 septembre 1810 (1).

TITRE PREMIER.

DISPOSITIONS GÉNÉRALES.

ARTICLE PREMIER. Il est défendu de contrefaire les marques que, par un arrêté du 23 nivôse de l'an ix, les fabricants de quincaillerie et de coutellerie sont autorisés à mettre sur leurs ouvrages. Tout contrevenant à cette disposition sera puni, pour la première fois, d'une amende de 300 fr., dont le montant sera versé dans la caisse des hospices de la commune : en cas de récidive, cette amende sera double, et il sera condamné à un emprisonnement de six mois (2).

---

(1) Il n'est pas inutile de rappeler ici que la législation sur les marques de fabrique se divise en deux parties distinctes : la première, comprenant les dispositions générales applicables à toutes les industries ; la seconde, les dispositions particulières ou spéciales concernant la quincaillerie, les savons et les draps.

La législation générale se compose du titre IV de la loi du 22 germinal an xi, du titre II du décret du 11 juin 1809, des art. 142 et 143 du Code pénal, et de la loi du 28 juillet 1824.

La législation particulière se compose notamment du présent décret, des décrets des 1er avril 1811, 18 septembre même année, et 22 décembre 1812, relatifs aux savons, et du décret du 22 décembre 1812, qui autorise les manufactures de draps à mettre à leurs produits une lisière particulière.

(2) Le décret de 1809 statuait sur les marques en général ; celui-ci statue sur des marques particulières, celles de quincaillerie et de coutellerie. On sait qu'à l'égard des premières,

2. Les objets contrefaits seront saisis et confisqués au profit du propriétaire de la marque; le

---

le conseil des prud'hommes est investi du droit d'arbitrer la suffisance ou l'insuffisance de différence entre les marques déjà adoptées et les nouvelles qui seraient proposées, ou même entre celles déjà existantes, et qu'à défaut de conciliation, la contestation est portée devant les tribunaux de commerce. Mais à l'égard des marques particulières qui nous occupent, les pouvoirs conférés par la loi aux conseils de prud'-hommes sont plus étendus. Non seulement ces conseils sont encore appréciateurs de la suffisance ou de l'insuffisance de différence entre ces marques et celles qu'on se propose d'adopter, mais ils sont aussi juges de la contrefaçon. Du reste, les règles sur la propriété des marques de quincaillerie et coutellerie sont les mêmes que pour la propriété des marques en général.—Nous renvoyons donc aux explications que nous avons données sur les art. 4 et suivants du décret du 11 juin 1809, et sur les art. 16, 17 et 18 de la loi du 22 germinal an XI. (*Voy.* arrêt du 18 février 1834.)

A l'égard de la pénalité, on voit qu'elle est différente de celle qui concerne les marques en général. En effet, ce n'est plus le lieu d'appliquer les art. 142 et 143 du Code pénal; on devra s'en tenir aux prescriptions du présent décret, qui prévoit seulement les peines suivantes :

1° L'amende de 300 fr. pour la première fois ; et, en cas de récidive, le double de cette amende, et en outre, un emprisonnement de six mois.

2° La confiscation des objets revêtus de la marque contrefaite. (Art 2 ci-après.)

3° L'impression de l'affiche du jugement. (Art. 11 ci-après.)

Toutefois, la gravité de ces peines, quoique inférieures à celles énoncées aux art. 142 et 143 du Code pénal, a fait douter de la compétence des conseils de prud'hommes ou des juges de paix pour les appliquer; compétence d'autant plus étendue, que l'art. 9 ci-après leur donne le droit de juger, même sans appel. — Mais il est évident qu'à l'occasion de la matière spéciale qui nous occupe, la pensée du législateur a été d'étendre la juridiction correctionnelle des conseils de prud'hommes et des juges de paix. En effet, et pour qu'il en fût autrement, l'art. 9 ci-après devrait contenir une distinction entre la compétence civile et la compétence correctionnelle ; or, il ne distingue pas; il renvoie, au contraire, au décret du 3 août 1810, qui déjà avait établi la peine de l'emprisonnement. Il n'existe donc pas un seul argument sérieux en faveur de l'opinion

tout sans préjudice des dommages-intérêts qu'il y aura lieu de lui adjuger (1).

3. Nul ne sera admis à intenter action en contre-façon de sa marque, s'il n'a fait empreindre cette marque sur les tables communes établies à cet effet, et déposées au tribunal de commerce, selon l'art. 18 de la loi du 22 germinal an xi (2).

4. Dans les villes où il y a des conseils de prud'hommes, les tables seront déposées, en outre, au secrétariat de ces conseils, selon l'art. 7 du décret du 7 février 1810.

5. Il sera dressé procès-verbal des dépôts sur un registre en papier timbré, ouvert à cet effet, et qui sera coté et paraphé. Une expédition de ce procès-verbal sera remise au propriétaire de la marque, pour lui servir de titre contre les contrefacteurs (3).

---

contraire ; et l'esprit et la lettre de notre décret s'accordent pour consacrer un droit dont il est impossible que les conseils de prud'hommes abusent jamais. (On trouve une discussion fort habile sur cette question dans le *Traité de la Contrefaçon*, par M. Etienne Blanc, page 206.) — Les pénalités que nous venons d'énumérer sont indépendantes des dommages-intérêts dont il va être parlé dans l'art. 2 ci-après.

(1) C'est là une disposition nouvelle qui n'existe pas dans le décret de 1809. Outre les dommages-intérêts dont il est question dans l'art. 16 de la loi de germinal, il y aura donc confiscation au profit du propriétaire de la marque particulière, c'est-à-dire du quincaillier ou du coutelier, sans préjudice de l'action correctionnelle ou criminelle.

(2) Comparez cet article avec l'art. 18 de la loi de germinal et l'art. 7 du décret de 1809.

(3) Cette expédition est délivrée moyennant 3 fr. alloués au secrétaire. (*Voy.* art. 8 et 59 du décret de 1809 ; et art. 16 de la loi de 1806.)

— Les certificats de dépôt sont soumis à l'enregistrement, mais ils le sont gratis. (*Voy.* Instruction générale du ministre des finances du 5 juillet 1809, n° 437.)

Muni de ce titre, le déposant peut requérir les officiers de police pour faire saisir les objets revêtus de la fausse marque, ainsi qu'il est expliqué à l'art. 8 ci-après.

6. Tout particulier qui voudra s'assurer la propriété de sa marque, est tenu, conformément à l'art. 9, sect. 1ʳᵉ du tit. II de notre décret du 11 juin 1809, de verser une somme de 6 fr. entre les mains du receveur de la commune : cette somme, ainsi que toutes les autres qui seraient comptées pour le même objet, seront mises à la disposition des prud'hommes ou du maire, et destinées à faire l'acquisition des tables et à les entretenir. Le préfet en surveillera la comptabilité (1).

7. Il sera payé 3 fr. pour l'expédition du procès-verbal de dépôt : tout greffier du tribunal de commerce, tout secrétaire de conseil de prud'hommes qui aurait exigé une somme plus considérable, sera poursuivi comme concussionnaire (2).

⸺⟡⸺

TITRE II.

DE LA SAISIE DES OBJETS DONT LA MARQUE AURAIT ÉTÉ CONTREFAITE, ET DU MODE DE PROCÉDER CONTRE LES CONTREFACTEURS.

8. La saisie des ouvrages dont la marque aurait été contrefaite, aura lieu sur la simple réquisition du propriétaire de cette marque. Les officiers de police sont tenus de l'effectuer sur la représentation du procès-verbal de dépôt : ils renverront ensuite les parties devant le conseil des prud'hommes, s'il y en a un dans la commune ; s'il n'y en a point, le juge de paix du canton prendra connaissance de l'affaire (3).

----

(1) *Voy.* art. 9 du décret du 11 juin 1809.

(2) *Voy.* art. 16 de la loi de 1806, et art. 59 du décret de 1809.

(3) Les prud'hommes, concurremment avec les officiers de police, ont le droit de constater les contraventions aux lois et

9. Le conseil de prud'hommes (ou le juge de paix) entendra d'abord les parties et leurs témoins; il prononcera ensuite son jugement, qui sera mis à exécution, sans appel, ou à la charge de l'appel, avec ou sans caution, conformément aux dispositions du décret du 3 août présente année (1).

10. Dans le cas où la dénonciation pour contrefaçon ne serait point fondée, celui qui l'aura faite sera condamné à des dommages-intérêts proportionnés au trouble et au préjudice qu'il aurait causés (2).

11. Tout jugement emportant condamnation,

---

règlements sur les fabriques; ils pourraient donc opérer la saisie dont il est question dans notre article. (*Voy*. art. 11 et 12 de la loi de 1806; — *voy*. également l'art. 4 du décret du 3 août 1810, concernant la juridiction des conseils de prud'hommes, et la note.)

Cette saisie opérée, les prud'hommes, réunis en conseil, n'en seront pas moins juges de la contestation; ce n'est qu'à leur défaut que le juge de paix prendra connaissance de l'affaire.—Le conseil des prud'hommes ou le juge de paix compétent sera celui du lieu de la saisie, ou du domicile du contrefacteur, ou même du lieu de la fabrication, s'il n'y a pas eu de saisie préalable.

(1) Le jugement ne sera rendu qu'à défaut de conciliation. (*Voy*. les art. 2, 3 et 4, § 2 du décret du 3 août 1810.)

L'appel devra être formé dans les trois mois, à partir du jour de la signification de ce jugement; il sera porté, en tout cas, devant le tribunal de commerce, soit que le jugement ait été rendu par le conseil des prud'hommes, soit qu'il l'ait été par un juge de paix. Le tribunal civil ne pourrait connaître de cet appel qu'à défaut de tribunal de commerce. (*Voy*. les art. 9 de la loi de 1806; 27 et 38 du décret de 1809; 2 du décret du 3 août 1810, et 443 et suiv. du Code de procédure civile.)

(2) La loi n'a pas voulu laisser le crédit du fabricant exposé à des poursuites téméraires. Aussi le conseil, à moins que le fabricant ne déclare y renoncer, devra-t-il prononcer à son profit des dommages-intérêts qu'il évaluera d'après le préjudice causé, que ces dommages-intérêts aient été ou non demandés.

Si le conseil oubliait de statuer sur ce chef, ou refusait d'allouer les dommages-intérêts demandés, le fabricant poursuivi à

rendu en matière de contrefaçon d'une marque, sera imprimé et affiché aux frais du contrefacteur. Les parties ne pourront, en aucun cas, transiger sur l'affiche et la publication (1).

---

tort comme contrefacteur pourrait, soit appeler du jugement, soit intenter une action civile contre le plaignant.

(1) Voyez la note de l'art. 1er ci-dessus.

DÉCRET IMPÉRIAL

TENDANT A PRÉVENIR OU A RÉPRIMER LA FRAUDE DANS LA FABRICATION DES SAVONS.

Du 1er avril 1811 (1).

ARTICLE PREMIER. Tout fabricant de savon dans l'étendue des terres de notre domination, sera tenu d'apposer, sur chaque brique de savon sortant de sa fabrique, une marque déposée au tribunal de commerce et au secrétariat du conseil des prud'hommes (2).

2. Cette marque sera différente pour le savon fabriqué à l'huile d'olive, pour celui fabriqué à

---

(1) Jusqu'ici nous avons vu que les marques sont *facultatives*, qu'elles diffèrent seulement en ce que les unes sont soumises à la législation générale, et les autres à une législation particulière, selon qu'elles ont pour but d'accorder une égale ou une plus grande protection à certains produits. — Il en est tout autrement à l'égard des marques apposées sur les savons. Ces marques sont *obligatoires*, non plus précisément dans l'intérêt des fabricants, mais en vue surtout de prévenir ou de réprimer la fraude dans la vente et la fabrication des savons, comme aussi dans un intérêt de salubrité publique. Indépendamment de la marque obligatoire, les fabricants de savon peuvent apposer sur leurs produits une marque particulière, distinctive de leur maison, et pour la propriété de celle-ci, comme pour la propriété de la marque *obligatoire*, la loi leur accorde une égale protection; par conséquent, ils pourront poursuivre la contrefaçon de l'une et de l'autre, conformément aux règles prescrites par la législation générale, et ils resteront soumis aux règles spéciales et aux mesures répressives prévues par le présent décret et par les deux décrets qui suivent. (*Voy.* titre IV de la loi du 22 germinal an XI; titre II du décret du 11 juin 1809; art. 142 et 143 du Code pénal, et loi du 28 juillet 1824.)

(2) L'infraction à cette disposition estpunie par l'art. 2 du décret du 18 septembre 1811, d'une amende de 1,000 fr. pour la première fois, et de 2,000 fr. en cas de récidive. (*Voy.* art. 7 et 8 du décret de 1809, et art. 18 de la loi de germinal.)

6

l'huile de graines, et pour celui fabriqué au suif et à la graisse (1).

3. Tout savon non marqué, ou tout savon marqué comme savon à l'huile, quoiqu'il soit à la graisse, ou marqué d'une fausse marque, sera saisi dans les magasins des fabriques ou chez les marchands, à la diligence des prud'hommes, de tout officier de police judiciaire et municipale, ou à la réquisition de toute partie intéressée, et la confiscation en sera prononcée par les autorités compétentes, moitié au profit des hospices, moitié au profit des officiers de police ou des parties contractantes, sans préjudice d'une amende qui ne pourra excéder 3,000 fr., et qui sera double en cas de récidive, ou d'autres peines portées par les lois et règlements (2).

4. Tout fabricant convaincu, par la décomposition, d'avoir fraudé dans la fabrication du savon, par l'introduction d'une quantité surabondante d'eau ou de substances propres à en altérer la qualité, sera poursuivi et son savon confisqué, comme il est dit à l'article précédent, sans préjudice des dommages-intérêts, s'il y a lieu.

5. Les prud'hommes des villes où il y a des fabriques de savon, auront sur les magasins où le savon fabriqué se dépose, ou dans les lieux de débit, le droit d'inspection pour l'exécution des articles précédents, indépendamment de *la juridiction* qui leur est attribuée par la loi et les règlements (3).

---

(1) Conformément aux décrets ci-après des 18 septembre 1811 et 22 décembre 1812.

(2) C'est par exception, et en raison des dangers que court la salubrité publique, que les prud'hommes peuvent agir d'office; mais l'application de l'amende ne peut être faite que par les tribunaux ordinaires. (Art. 3 du décret du 18 septembre 1811.)

(3) Le mot *juridiction* doit avoir un sens; évidemment l'article renvoie aux lois antérieures sur la matière des mar-

6. Le présent décret n'est applicable qu'aux savons destinés aux blanchisseries, teintures et dégraissages, et non à la fabrication des savons de luxe et de toilette.

---

ques. Il en résulte que si les prud'hommes ne connaissent point de ces contraventions spéciales, la loi, cependant, ne leur refuse pas le droit de concilier les parties sur les contestations civiles qui s'élèvent entre elles, conformément au décret de 1809, art. 11 et 12.

DÉCRET IMPÉRIAL

QUI DÉTERMINE LA MARQUE DES SAVONS.

Du 18 septembre 1811.

ARTICLE PREMIER. La marque pour le savon fabriqué à l'huile d'olive, sera de forme concave ovale, et portera dans le milieu, en lettres rentrées, ces mots : *Huile d'olive.*

Celle pour le savon fabriqué à l'huile de graines, sera de forme concave carrée, et portera, dans le milieu, aussi en lettres rentrées, ces mots : *Huile de graines.*

La marque pour le savon au suif, ou à la graisse, sera de forme concave triangulaire, et devra porter également dans le milieu. aussi en lettres rentrées, ces mots : *Suif ou graisse.*

A la suite de chaque marque, qui devra être en caractères assez gros pour être aperçus sans difficulté, sera le nom du fabricant et de la ville où il fait sa résidence (1).

2. A compter du 1er avril prochain, il ne pourra plus être vendu par les fabricants de savons destinés aux blanchisseries, aux teintures et aux dégraissages, s'ils ne sont revêtus des marques prescrites par l'article précédent. Tout fabricant qui sera convaincu d'en avoir versé dans le commerce, qui ne seraient pas marqués, sera puni pour la première fois d'une amende de mille francs. En cas de récidive, cette amende sera double.

3. Les contraventions à l'article ci-dessus seront portées devant nos cours et tribunaux comme matières de police (2).

---

(1) Le nom du fabricant devant être nécessairement joint à la marque, on comprend que la contrefaçon de cette marque n'est plus qu'une usurpation de nom ; elle ne peut donc tomber sous l'application des art. 142 et 143 du Code pénal, mais seulement sous l'application de la loi du 28 juillet 1824.

Cependant, si, indépendamment de la marque obligatoire, le fabricant avait apposé sur les produits de sa fabrique une marque particulière, la contrefaçon de cette marque serait soumise aux mesures répressives prévues par la législation générale. (*Voy.* l'art. 4 du décret de 1809, et sa note.)

(2) Voyez art. 5 du décret du 1er avril 1811.

DÉCRET IMPÉRIAL

QUI ÉTABLIT UNE MARQUE PARTICULIÈRE POUR LES SAVONS
A L'HUILE D'OLIVE FABRIQUÉS A MARSEILLE.

Du 22 décembre 1811.

ARTICLE PREMIER. La forme des marques prescrites par notre décret du 18 septembre 1811, continuera d'être employée dans toutes les fabriques de savon de notre empire ; ces fabriques les mettront, en conséquence, sur tous les savons qui sortiront de leurs ateliers.

2. A compter de ce jour, la ville de Marseille, département des Bouches-du-Rhône, aura une marque particulière pour ses savons à l'huile d'olive ; cette marque présentera un *pentagone* dans le milieu duquel seront en lettres rentrées ces mots : *Huile d'olive*, et à la suite le nom du fabricant et celui de la ville de Marseille.

3. Tout particulier établi dans une ville autre que celle de Marseille, qui versera dans le commerce, des savons revêtus de la marque accordée par l'article précédent, sera puni, pour la première fois, d'une amende de mille francs ; en cas de récidive, cette amende sera double ; les savons seront en outre confisqués.

Le montant de cette confiscation et de l'amende sera versé dans la caisse des hospices du lieu où les savons auront été vendus, et, dans le cas où il n'y aurait point d'établissement de ce genre, dans celle des hospices de la commune voisine.

4. La saisie des savons revêtus de la marque appartenant à la ville de Marseille, aura lieu sur la réquisition des autorités constituées de cette ville, ou de ceux de ses fabricants qui seraient munis de leur patente. Les contestations auxquelles elle donnera lieu, seront portées devant nos cours et tribunaux, comme matière de police.

5 Dans le cas où la plainte en usurpation de la marque ne serait point fondée, celui qui l'aura faite sera condamné à des dommages-intérêts proportionnés au trouble et au préjudice qu'il aura causés (1).

6. S'il était fabriqué à Marseille du savon avec de l'huile de graines, du suif ou de la graisse, alors la marque sera la même que celle qui est prescrite pour les savons de cette nature, par notre décret du 18 septemdre 1811, notre intention étant qu'on applique exclusivement aux briques de savon à l'huile d'olive fabriquées à Marseille, celle dont la forme présentera un *pentagone*.

7. Il n'est point dérogé aux dispositions énoncées au titre 4 de la loi du 22 germinal an xi, lesquelles dispositions seront affichées de nouveau dans les villes de fabriques à la diligence de notre ministre des manufactures et du commerce.

---

(1) Voyez art. 10 du décret du 5 septembre 1810, relatif aux marques de quincaillerie et de coutellerie.

DÉCRET IMPÉRIAL

PORTANT QUE TOUTES LES MANUFACTURES DE DRAPS DE L'EMPIRE POURRONT OBTENIR L'AUTORISATION DE METTRE A LEURS PRODUITS UNE LISIÈRE PARTICULIÈRE A CHACUNE D'ELLES.

Du 22 décembre 1812.

N.... Vu notre décret du 25 juillet 1810, qui rend aux fabricants de Louviers, l'autorisation exclusive dont ils jouissaient avant la révolution, d'avoir à leurs draps une lisière jaune et bleue.

TITRE PREMIER.

DISPOSITIONS GÉNÉRALES

ARTICLE PREMIER. Toutes les manufactures de drap de notre empire sont admises à participer à la faveur qui a été accordée à celles de Louviers : elles pourront, en conséquence, obtenir l'autorisation de mettre à leurs produits une lisière qui sera particulière à chacune d'elles (1).

---

(1) Un décret du 25 juillet 1810 avait accordé aux fabriques de draps de la ville de Louviers l'autorisation exclusive d'avoir à leurs produits une lisière spéciale. Sur la réclamation des autres villes, on comprit qu'elles devaient toutes jouir de la même faveur, et le présent décret a eu pour but de la généraliser.

Nous répéterons ce que nous avons déjà dit dans les annotations des décrets qui précèdent, à savoir, qu'indépendamment de la lisière adoptée par une ville, chaque fabricant peut adopter une marque particulière. D'où cette conséquence, qu'il peut y avoir deux contrefaçons : celle de la lisière et celle de la marque. La première, soumise à la législation des mar-

2. Les fabriques qui désireront obtenir une lisière exclusive sont tenues d'en adopter une tellement distincte, qu'on ne puisse la confondre avec celles que d'autres villes auraient déjà obtenues, dont, par conséquent, elles auraient la possession exclusive. Ces lisières seront accordées d'après le vœu qu'émettront les chambres de commerce ou les chambres consultatives de manufactures, qui joindront à leurs délibérations un modèle de celle qui leur aura paru devoir être choisie de préférence (1).

La demande sera d'abord communiquée au préfet, qui examinera si elle est de nature à être accueillie; il la transmettra ensuite, avec son avis, à notre ministre des manufactures et du commerce, pour, sur son rapport, être statué par nous en conseil-d'Etat (2).

3. La lisière ayant pour objet d'indiquer quelle est la manufacture qui a conditionné les produits, il est ordonné aux fabricants de la ville à laquelle il en aura été accordé une, de la mettre aux draps qu'ils seront dans le cas d'établir. Ceux qui ne se conformeront pas à cette disposition, seront punis conformément à l'art. 479 du Code pénal : l'amende sera double en cas de récidive. Le montant des amendes sera versé dans la caisse des hospices de la commune.

4. Lorsqu'une ville aura obtenu une lisière exclusive, les fabricants des autres villes auront un délai de six mois pour achever celles des pièces de drap qu'ils auront commencées avec cette lisière : à l'expiration de ce délai, il leur est défendu de l'employer. Tout contrevenant à cette défense sera

---

ques en général, modifiée par le présent décret ; la seconde, soumise à la même législation, sans aucune modification.

(1) Voyez arrêté du 3 nivose an XI, art. 4, et arrêté du 10 thermidor an XI, art. 3 et 5.

(2) Voyez arrêtés du 3 nivose et du 10 thermidor an XI, art. 5.

poursuivi conformément à ce qui est dit pour les marques particulières (1).

5. Les poursuites pour raison de contrefaçon d'une lisière ne pourront être dirigées contre les débitants, à moins que, pris en contravention, ils se refusent à donner les renseignements nécessaires pour faire découvrir l'auteur du délit; elles n'auront lieu que contre les manufacturiers, pour les draps seulement qu'ils fabriqueront après le délai de six mois déterminé par l'article précédent (2).

6. Les décrets qui auront accordé à une fabrique une lisière exclusive seront insérés dans le *Bulletin des lois.* Cette insertion n'ayant point eu lieu pour notre décret du 25 juillet 1810, nous ordonnons qu'elle soit faite.

7. Notre ministre des manufactures et du commerce nous fera, avant le mois de janvier prochain, un rapport sur les moyens d'exécuter les mesures indiquées dans la première partie de l'avis de notre conseil d'état du 20 septembre 1811, par nous approuvé le 30 du même mois (3).

TITRE II.

DE LA SAISIE DES DRAPS QUI PORTERONT LA LISIÈRE D'UNE AUTRE FABRIQUE, ET DU MODE DE PROCÉDER CONTRE CEUX QUI AURAIENT USURPÉ CETTE LISIÈRE.

---

8. La saisie des draps dont la lisière aura été

---

(1) Voyez art. 16 de la loi du 22 germinal an XI.

(2) Voyez les art. 59 et 60 du Code pénal, sur la complicité.

(3) Il s'agit de l'avis relatif à l'autorisation accordée aux fabriques de draps de Louviers.

contrefaite aura lieu sur la réquisition d'un ou de plusieurs fabricants de la ville à laquelle cette lisière appartient. Les officiers de police sont, en conséquence, tenus de l'effectuer sur la présentation de la patente de ces fabricants ; ils renverront ensuite les parties devant le conseil des prud'hommes, s'il y en a un dans la commune, comme arbitres, aux termes de l'art. 12 du décret du 20 février 1810 (*celui de* 1809) ; et pour la prononciation de la peine, devant nos cours et tribunaux (1).

Si les parties n'ont point été conciliées sur leurs intérêts civils, les mêmes cours et tribunaux prononceront (2).

9. Dans le cas où la plainte en contrefaçon d'une lisière ne serait pas fondée, celui qui l'aura présentée sera condamné à des dommages-intérêts proportionnés au trouble et au préjudice qu'il aura causés.

10. Tout jugement emportant condamnation sera imprimé et affiché aux frais du contrefacteur de la lisière. Les parties ne pourront, en aucun cas, transiger sur l'affiche et la publication (3).

---

(1) Voyez la note de l'art. 10 de la loi de 1806, page 7, § 4 et 7.

La contrefaçon des lisières adoptées par une ville rend le contrefacteur justiciable des cours d'assises. (*Voy.* art. 16 de la loi du 22 germinal an xi, et art. 142, 143 et 423 du Code pénal.)

(2) Nous estimons qu'il y a lieu d'appliquer ici les art. 12 et 13 de la loi de 1806, et que les prud'hommes ont le droit d'opérer eux-mêmes la sortie. On sait, en effet, qu'ils exercent les fonctions de l'autorité administrative dans certains cas. (*Voy.* loi de 1806, art. 10, 14, 20 et 29 ; et décret de 1809, art 4 et suiv.)

Les prud'hommes pourront concilier les parties sur leurs intérêts civils résultant de la contrefaçon. (*Voy.* la note de l'art. 12 du décret de 1809.)

(3) Voyez art. 10 du décret du 5 septembre 1810, relatif aux marques de quincaillerie.

ORDONNANCE DU ROI

PORTANT QUE LES FABRICANTS D'ÉTOFFES ET TISSUS DE LA NA-
TURE DE CEUX QUI SONT PROHIBÉS, NE DOIVENT METTRE DANS
LE COMMERCE CES ÉTOFFES ET TISSUS QUE REVÊTUS D'UNE
MARQUE DES FABRICANTS.

Du 8 août 1816.

ARTICLE PREMIER. Les fabricants d'étoffes pleines ou mélangées en laine ou en coton, et de tous tissus de la nature de ceux qui sont prohibés, venant de l'étranger, ne pourront mettre dans le commerce ces étoffes et tissus que revêtus d'une marque de fabrication et d'un numéro d'ordre repris de leurs registres d'entrée et de sortie.

2. Les marques indiqueront le nom de la ville ou de l'arrondissement où la fabrication a lieu, et le nom du fabricant, ou tel chiffre ou signe qu'il déclarera choisir. Elles seront tissues, brodées ou imprimées, selon la nature de l'étoffe et à la volonté du fabricant, mais de manière à pouvoir se conserver le plus longtemps qu'il sera possible.

3. Les prud'hommes, et à leur défaut les maires, assistés de fabricants notables, vérifieront la nature de chaque marque et le procédé d'application. Si ce dernier est défectueux, et si la marque est susceptible d'être confondue avec des signes déjà employés par d'autres manufacturiers, ils exigeront un procédé plus solide et une désignation différente. En cas de contestation à ce sujet, il en sera référé au préfet qui décidera, après avoir pris l'avis de la chambre consultative des manufactures, ou de la chambre de commerce qui en a fait les fonctions (1).

---

(1) C'est ici encore que l'on comprend l'importance d'une nouvelle loi sur les marques, à l'effet surtout de déterminer, une fois pour toutes, la juridiction qui devra connaître des contestations qui y sont relatives. Les conseils de prud'hommes

4. Chaque fabricant est tenu de déposer à la sous-préfecture de son arrondissement deux empreintes ou modèles de sa marque : l'un de ces modèles y sera conservé ; l'autre sera transmis au ministre de l'intérieur pour rester dans les archives du jury institué par l'art. 63 de la loi du 28 avril, présente année (1).

5. La marque de fabrication sera apposée, ainsi que le numéro d'ordre, aux deux extrémités de la pièce. Les teinturiers, imprimeurs ou autres apprêteurs, seront tenus de la conserver en la couvrant, au besoin, pendant les apprêts.

6. Aucun coupon ne peut être mis dans le commerce sans sa marque et son numéro.

Lorsqu'un fabricant usera pour ses pièces de marques tissues, il y suppléera pour les coupons tirés de ses pièces, au moyen d'une marque brodée ou imprimée, ou d'un plomb ou d'un bulletin portant les mêmes indications. Les modèles de ces marques de supplément seront déposés avec ceux de la marque principale.

7. La bonneterie de coton ou de laine est aussi assujettie à la marque de fabrication. Cette marque consistera, autant qu'il sera possible, en lettres, chiffres ou signes travaillés dans le tricot même, et à l'aide desquels on puisse reconnaître le nom du fabricant et sa résidence, en recourant aux mo-

---

dans un cas spécial (celui des marques de quincaillerie et coutellerie), les tribunaux de commerce dans les autres cas, sont seuls compétents pour juger les contestations qui s'élèvent sur les marques ; la présente ordonnance, au contraire, dans l'espèce particulière qui nous occupe, veut que ce soit le préfet. (*Voy.* les art. 4 à 12 du décret de 1809 ; *voy.* aussi la note de l'art. 10 de la loi de 1806, page 7, § 6 et 7.)

(1) Jusqu'alors les dépôts de marques ne s'étaient faits qu'au greffe des tribunaux de commerce et au secrétariat des conseils de prud'hommes. (*Voy.* les art. 15 et 16 de la loi de 1806 ; 7 et 8 du décret de 1809, et 18 de la loi du 22 germinal an XI.)

dèles qui seront déposés comme il est dit en l'art. 4. Les dispositions de l'art. 3 sont aussi applicables à la bonneterie.

8. Les contrèvenants aux obligations prescrites par les dispositions précédentes, seront responsables des dommages qu'éprouveraient des tiers sur qui les objets auraient été saisis, sans préjudice des peines portées par les art. 142, 143 et 423 du Code pénal.

9. Les marques et numéros étant, aux termes de la loi, le premier indice de l'origine nationale des tissus, les marchands en détail sont avertis qu'ils doivent conserver ces signes à chaque coupon restant dans leurs magasins.

10. Tout acheteur est autorisé à exiger de son vendeur une facture signée qui indique la marque et le numéro des pièces, laquelle facture doit correspondre aux livres du marchand qui fait la vente, et aux factures par lui reçues du vendeur précédent, le tout pour y recourir au besoin.

LOI

RELATIVE AUX ALTÉRATIONS OU SUPPOSITIONS DE NOMS SUR LES PRODUITS FABRIQUÉS.

Du 24 août 1824.

ARTICLE PREMIER. Quiconque aura, soit apposé, soit fait apparaître, par addition, retranchement, ou par une altération quelconque, sur des objets fabriqués, le nom d'un fabricant autre que celui qui en est l'auteur, ou la raison commerciale d'une fabrique autre que celles où lesdits objets auront été fabriqués, ou enfin le nom d'un lieu autre que celui de la fabrication, sera puni des peines portées en l'art. 423 du Code pénal, sans préjudice des dommages-intérêts, s'il y a lieu.

Tout marchand, commissionnaire ou débitant quelconque sera passible des effets de la poursuite, lorsqu'il aura sciemment exposé en vente ou mis en circulation les objets marqués de noms supposés ou altérés (1).

2. L'infraction ci-dessus mentionnée cessera, en conséquence, et nonobstant l'art. 17 de la loi du 12 avril 1803 (22 germinal an XI), d'être assimilée à la contrefaçon des marques particulières, prévue par les art. 142 et 143 du Code pénal.

ORDONNANCE DU ROI

QUI, SUR LA RÉCLAMATION DE MANUFACTURIERS DONT LES FABRIQUES SONT SITUÉES HORS DU RESSORT D'UN CONSEIL DE PRUD'HOMMES, FIXE LE LIEU DU DÉPÔT LÉGAL DES DESSINS DE LEUR INVENTION.

Du 17 août 1825.

ARTICLE PREMIER. Le dépôt des échantillons de dessins qui doit être fait, conformément à l'art. 15 de la loi du 18 mars 1806, aux archives des conseils de prud'hommes, pour les fabriques situées dans le ressort de ces conseils, sera reçu pour toutes les fabriques situées hors du ressort d'un conseil de prud'hommes, au greffe du tribunal de commerce, ou au greffe du tribunal de première, instance, dans les arrondissements où les tribunaux civils exerceront la juridiction des tribunaux de commerce.

2. Ce dépôt se fera dans les formes prescrites pour le même dépôt aux archives des conseils de

---

(1) Voyez l'art. 4 du décret de 1809, et sa note, pages 22 et 23 ; *voy.* aussi les art. 16, 17 et 18 de la loi de germinal.)

prud'hommes par les art. 15, 16 et 18, section 3, titre II de la loi du 18 mars 1806.

Il sera reçu gratuitement, sauf le droit du greffier pour la délivrance du certificat constatant ledit dépôt.

⸻ ⁘ ⸻

LOI

RELATIVE AU TRAVAIL DES ENFANTS EMPLOYÉS DANS LES MANU-
FACTURES, USINES OU ATELIERS.

Du 22 mars 1841.

ARTICLE PREMIER. Les enfants ne pourront être employés que sous les conditions déterminées par la présente loi :

1° Dans les manufactures, usines et ateliers à moteur mécanique ou à feu continu, et dans leurs dépendances;

2° Dans toute fabrique occupant plus de vingt ouvriers réunis en atelier.

2. Les enfants devront, pour être admis, avoir au moins huit ans.

De huit à douze ans, ils ne pourront être employés au travail effectif plus de huit heures sur vingt-quatre, divisées par un repos.

De douze à seize ans, ils ne pourront être employés au travail effectif plus de douze heures sur ving-quatre, divisées par des repos.

Ce travail ne pourra avoir lieu que de cinq heures du matin à neuf heures du soir.

L'âge des enfants sera constaté par un certificat délivré, sur papier non timbré et sans frais, par l'officier de l'état civil.

3. Tout travail entre neuf heures du soir et cinq heures du matin, est considéré comme travail de nuit.

Tout travail de nuit est interdit pour les enfants au-dessous de treize ans.

Si la conséquence du chômage d'un moteur hydraulique ou des réparations urgentes l'exigent, les enfants au-dessus de treize ans pourront travailler la nuit, en comptant deux heures pour trois, entre neuf heures du soir et cinq heures du matin.

Un travail de nuit des enfants ayant plus de treize ans, pareillement supputé, sera toléré, s'il est reconnu indispensable, dans les établissements à feu continu, dont la marche ne peut être suspendue pendant le cours des vingt-quatre heures.

4. Les enfants au-dessous de seize ans, ne pourront être employés les dimanches et jours de fêtes reconnus par la loi.

5. Nul enfant âgé de moins de douze ans ne pourra être admis qu'autant que ses parents ou tuteurs justifieront qu'il fréquente actuellement une des écoles publiques ou privées existant dans la localité. Tout enfant admis devra, jusqu'à l'âge de douze ans, suivre une école.

Les enfants âgés de plus de douze ans seront dispensés de suivre une école, lorsqu'un certificat, donné par le maire de leur résidence, attestera qu'ils ont reçu l'instruction primaire élémentaire.

6. Les maires seront tenus de délivrer au père, à la mère ou au tuteur, un livret sur lequel seront portés l'âge, le nom, les prénoms, le lieu de naissance et le domicile de l'enfant, et le temps pendant lequel il aurait suivi l'enseignement primaire.

Les chefs d'établissement inscriront :

1° Sur le livret de chaque enfant, la date de son entrée dans l'établissement et de sa sortie ;

2° Sur un registre spécial, toutes les indications mentionnées au présent article.

7. Des règlements d'administration publique pourront :

1° Etendre à des manufactures, usines ou ateliers, autres que ceux mentionnés dans l'art. 1ᵉʳ, l'application des dispositions de la présente loi ;

2° Elever le minimum de l'âge et réduire la durée du travail déterminés dans les articles deuxième et troisième, à l'égard des genres d'industrie où le labeur des enfants excéderait leurs forces et compromettrait leur santé ;

3° Déterminer les fabriques où, pour cause de danger ou d'insalubrité, les enfants au-dessous de seize ans ne pourront point être employés ;

4° Interdire aux enfants, dans les ateliers où ils sont admis, certains genres de travaux dangereux ou nuisibles ;

5° Statuer sur les travaux indispensables à tolérer de la part des enfants, les dimanches et fêtes, dans les usines à feu continu ;

6° Statuer sur les cas de travail de nuit, prévus par l'art. troisième.

8. Des règlements d'administration publique devront :

1° Pourvoir aux mesures nécessaires à l'exécution de la présente loi ;

2° Assurer le maintien des bonnes mœurs et de la décence publique dans les ateliers, usines et manufactures ;

3° Assurer l'instruction primaire et l'enseignement religieux des enfants ;

4° Empêcher, à l'égard des enfants, tout mauvais traitement et tout châtiment abusif ;

5° Assurer les conditions de salubrité et de sûreté nécessaires à la vie et à la santé des enfants.

9. Les chefs des établissements devront faire afficher dans chaque atelier, avec la présente loi et les règlements d'administration publique qui y sont relatifs, les règlements intérieurs qu'ils seront tenus de faire pour en assurer l'exécution.

10. Le gouvernement établira des inspections pour surveiller et assurer l'exécution de la présente loi. Les inspecteurs pourront, dans chaque établissement, se faire représenter les registres relatifs à l'exécution de la présente loi, les règlements intérieurs, les livrets des enfants et les enfants eux-mêmes; ils pourront se faire accompagner par un médecin commis par le préfet ou le sous-préfet.

11. En cas de contravention, les inspecteurs dresseront les procès-verbaux, qui feront foi jusqu'à preuve contraire.

12. En cas de contravention à la présente loi ou aux règlements d'administration publique rendus pour son exécution, les propriétaires ou exploitants des établissements seront traduits devant le juge de paix du canton et punis d'une amende de simple police, qui ne pourra excéder quinze francs.

Les contraventions qui résulteront soit de l'admission d'enfants au-dessous de l'âge, soit de l'excès de travail, donneront lieu à autant d'amendes qu'il y aura d'enfants indûment admis ou employés, sans que les amendes réunies puissent s'élever au-dessus de deux cents francs.

S'il y a récidive, les propriétaires ou exploitants des établissements seront traduits devant le tribunal de police correctionnelle et condamnés à une amende de seize à cent francs. Dans les cas prévus par le paragraphe second du présent article, les amendes réunies ne pourront jamais excéder cinq cents francs.

Il y aura récidive, lorsqu'il aura été rendu contre le contrevenant, dans les douze mois précédents, un premier jugement pour contravention à la présente loi ou aux règlements d'administration publique qu'elle autorise.

13. La présente loi ne sera obligatoire que six mois après sa promulgation.

APPENDICE.

N° 1. — EXPOSÉ

Des motifs de la loi du 18 mars 1806, sur l'institution des prud'hommes dans la ville de Lyon, par le conseiller d'Etat Regnault de Saint-Jean-d'Angely.

LÉGISLATEURS,

Plusieurs institutions utiles se rattachaient au régime des corporations. Les priviléges dont elles se prévalaient, les entraves qu'elles mettaient à l'exercice de l'industrie, les tributs qu'elles levaient sur ceux qu'elles recevaient à l'agrégation, ont disparu sans retour. La liberté dans l'exercice des professions est un bienfait qui sera conservé aux Français, et elle continuera de favoriser le perfectionnement de nos arts, la restauration de nos manufactures, le rétablissement de nos rapports commerciaux avec l'étranger.

Cependant, parmi les manufacturiers et leurs ouvriers, les artisans et leurs compagnons, la liberté a eu aussi sa licence qu'il a fallu réprimer : elle a encore ses abus qu'il faut détruire.

Déjà, Messieurs, vous avez sanctionné, en germinal an XI, une loi sur les manufactures, les fabriques et les ateliers, pour y ramener l'ordre et en rétablir la police.

Cette loi a établi des chambres consultatives d'arts et métiers, et créé ainsi un moyen de centraliser, de recueillir les idées utiles et de les faire parvenir au pied du trône.

Elle laisse aux conceptions des hommes de l'art, à l'activité de leur imagination, qui doit être mobile comme la mode, variée comme le caprice, et pourtant sage comme le calcul, toute la liberté qui leur est nécessaire dans la fabrication de tant d'étoffes dont le bon goût et le perfectionnement rendent les nations voisines tributaires de nos fabriques. Elle n'enchaîne pas l'esprit dans les liens étroits de règlements inflexibles, limitant sans utilité les dimensions, le poids, le nombre de fils de la laine ou la nature de la trame des objets fabriqués.

Mais elle délègue au gouvernement le droit de faire des règlements sur les produits des fabriques françaises; elle lui donne aussi moyen d'empêcher la fraude, de préserver la bonne foi des tromperies, résultats trop fréquents des calculs mal entendus de quelques fabricants déloyaux; d'imprimer aux objets qui s'exportent une espèce de sceau national, dont l'inspection seule appelle et commande la confiance.

Sa Majesté, Messieurs, de l'avis de son conseil, a exercé cette utile prérogative.

Dans son dernier voyage à Lyon, lorsqu'elle fixait les regards du génie et de la bienfaisance sur toutes les parties de l'administration, sur toutes les industries de cette cité, glorieuse de son affection, heureuse de lui devoir sa restauration, la chambre du commerce arrêta ses regards protecteurs, réparateurs et créateurs sur les abus qui s'étaient introduits dans diverses branches du commerce, et principalement dans la guimperie ou fabrique de fils d'or, dans la fabrique des étoffes de soie et d'argent, et dans celle des velours.

Un règlement fut rendu par Sa Majesté, le 20 floréal, et les fraudes des guimpiers furent réprimées, la bonne foi fut commandée aux manufacturiers par des dispositions précises; le mélange de l'or et de l'argent fin et faux dans les étoffes cessa de prêter à l'infidélité, parce qu'il dut être désigné par une marque très apparente; la qualité des velours ne fut plus un problème pour l'acheteur inexpérimenté, parce que le vendeur dut en signaler la diversité par celle des lisières.

Le même règlement porte les moyens de contraindre, par la sévérité des peines, les fabricants que l'esprit de justice ou le sentiment de leur intérêt n'auraient pas trouvés dociles ou n'auraient pas rendus soumis.

Mais la surveillance à exercer, les contraventions à réprimer, demandaient d'autres instruments que ceux de l'administration générale de l'empire, et même de l'administration particulière de la cité, d'autres agents que ceux de la police ordinaire.

Ces fonctions exigent des connaissances que les fabricants seuls ou les chefs d'ateliers peuvent réunir. Elles exigent aussi, avec la sévérité du magistrat, une sorte de bonté paternelle qui tempère l'austérité du juge, permette quelquefois l'indulgence, appelle sans cesse la confiance et aide toujours à la soumission.

Elles étaient exercées, avant 1789, par les juges-gardes ou syndics des communautés.

Sa Majesté a cru convenable de les confier à des Prud'hommes choisis, partie dans le nombre des négociants-fabricants, partie dans le nombre des chefs d'ateliers.

L'institution de cette espèce de tribunal de famille, invoquée par les Lyonnais, est contenue dans le premier titre de la loi que je vous apporte.

La pensée en a semblé si heureuse, l'action si utile, que Sa Majesté a cru devoir en ménager le bienfait aux autres villes industrieuses et manufacturières de son empire, et l'art. 34, au dernier titre de la loi, en autorise l'établissement par un règlement d'administration publique; ce sera aussi par un règlement que le mode de leur élection sera déterminé.

On n'arrivera peut-être à ce qui est le plus convenable par des essais successifs; car, tout ce qui est susceptible de changement, de modifications, selon les temps et les lieux, n'est pas du domaine de la loi, qui doit être générale et ramenée à son caractère distinctif, la fixité, l'invariabilité.

Toutes les villes, d'ailleurs, tous les genres de manufactures, ne comporteront pas une composition entièrement semblable, et la diversité des fabrications exigera des dispositions diverses, dont il est nécessaire que le gouvernement soit le juge.

Le second titre de la loi règle les fonctions des prud'-hommes.

La deuxième section de ce titre les charge de cette nouvelle police conservatrice de la bonne foi, réparatrice des infidélités passées, surveillante active de toutes les branches et de tous les instruments de la précieuse industrie lyonnaise, police dont le besoin a fait naître la première idée de l'institution.

Elle appelle en outre les prud'hommes à être les premiers dépositaires, les premiers juges des plaintes pour cause d'infidélité contre les ouvriers et les teinturiers.

Elle leur confie une sorte de magistrature presque domestique et pourtant solennelle sur des hommes qu'ils ramèneront à la probité s'ils s'en écartaient, autant par l'autorité de la morale et les conseils de la sagesse que par l'action de la justice et l'application de la loi.

Enfin, quand l'intérêt général exige que la porte des fabriques, des ateliers soit ouverte aux agents de la puissance publique, ce seront les prud'hommes, assistés d'un autre officier public, qui procéderont aux visites et constateront les fraudes, les soustractions, les contraventions, les délits.

La section première du même titre décerne aux prud'-hommes une autre espèce de juridiction, dont j'aurais parlé d'abord, si la deuxième section ne s'était liée plus immédiatement, lors des premières vues, à l'institution de ces nouveaux magistrats du commerce.

L'art. 19 de la loi du 22 germinal an XI attribue aux maires les contestations de simple police, entre les ouvriers et apprentis d'une part, les manufacturiers, fabricants et artisans de l'autre.

La nécessité de porter aux tribunaux de commerce des affaires d'un faible intérêt, qu'il faut souvent arbitrer selon l'équité, plutôt que de les juger selon les lois, a paru trop rigoureuse, trop contraire à l'activité journalière des fabriques, trop opposée à son esprit.

Les prud'hommes jugeront, jusqu'à soixante francs, les affaires où seront intéressés les ouvriers ; ils les jugeront sans formes, sans procédures, sans appel.

On trouvera dans leur institution un tribunal de conscience et d'équité, jugeant après avoir entendu les parties, sans l'intervention d'aucun défenseur, et comme il faut espérer que jugeront bientôt les tribunaux de commerce, ramenés à ce qu'ils furent dans leur origine, à ce qu'ils eussent dû être toujours.

Enfin, la troisième section du second titre attribue aux prud'hommes une fonction nouvelle, protectrice de la propriété, et qui, offrant à ceux qui inventent ou perfectionnent la partie de la fabrication qui appartient aux arts du dessin, une nouvelle garantie, sera à la fois un encouragement à faire, et une récompense d'avoir fait un pas de plus dans la carrière.

Chaque jour voit varier à Lyon ces dessins pleins de goût et de grâce, où l'on imite tantôt les étoffes légères et éclatantes dont se parent les sultanes et les odalisques, tantôt les étoffes riches et fortes dont se couvrent les grands de la Turquie et de la Perse ; ces dessins où l'on prend pour modèles, aujourd'hui les fleurs dont sont ornés les tissus déliés de Cachemire, demain les fines broderies de l'Inde ou les couleurs brillantes de la Chine.

Souvent la nouveauté d'un dessin quadruple le prix d'une étoffe ; plus d'une fois une fleur tracée et habilement tissue, un amalgame heureux de couleurs, une imitation plus voisine de l'inimitable coloris de la nature, a fait connaître, achalandé, enrichi une fabrique.

Et pourtant le plagiat ou plutôt le larcin de cette espèce de propriété est devenu assez commun à Lyon et ailleurs, pour que la répression de ce délit soit un besoin de la société et un devoir de sa législation.

La section III du titre II de la loi que je vous présente satisfait ce besoin et remplit ce devoir.

Vous y trouverez, Messieurs, un moyen heureux et facile de conserver les droits des propriétaires de dessins, de prononcer entre des rivaux qui auraient par hasard conçu les mêmes idées, ou qui essaieraient d'assurer à une imitation adroite les prérogatives de l'invention.

Ce moyen se rapproche de celui employé pour les auteurs des procédés, machines, étoffes ou instrument nouveaux qui s'assurent la propriété par un brevet.

Mais ce moyen de garantie aura désormais l'avantage d'être sous la main du fabricant, confié, pour son exécution, à des hommes de l'art, capables de le maintenir en même temps sans faiblesse, sans erreurs, sans abus, et intéressés à être justes envers les autres, afin qu'on soit juste envers eux.

Il a l'avantage d'être d'un usage presque gratuit; car la modique rétribution attachée au droit de l'enregistrement des dessins déposés ne peut être regardée comme un sacrifice, tandis que les brevets d'invention paient un droit considérable.

Enfin, il assure que le Conservatoire de la ville de Lyon enrichira sa collection, déjà immense, de tous les dessins dont la propriété aura cessé; et s'il est vrai qu'en ce genre, comme en tant d'autres, le fonds des idées soit presque toujours le même, que ce qui semble nouveau ne soit autre chose que ce qu'on dérobe aux temps passés, en changeant la disposition des formes ou la nuance des couleurs, le dépôt de tant de modèles, ouvrage de tant d'artistes, création de tant d'imaginations, production de tant de goûts divers, sera un riche trésor où dans l'avenir, l'industrie épuisée le goût blasé viendront chercher, les moyens de se ranimer.

Le titre III de la loi perfectionne les règles et facilite dans son exécution le titre III de la loi du 22 germinal an XI, concernant *les obligations entre les ouvriers et ceux qui les emploient.*

Il assure à l'ouvrier plus de facilité à obtenir des secours par des avances, en assurant au fabricant plus de garantie de ses recouvrements.

Il préserve les fabricants de la tentation, à laquelle ils cèdent quelquefois, de débaucher un chef d'atelier qu'ils convoitent, pour améliorer leur fabrication, nuire à celle de leurs concurrents, et prendre ou conserver sur lui de l'avantage.

Il remet enfin aux prud'hommes le soin de délivrer des livres d'acquit aux chefs d'ateliers et les substitue aux officiers de police dans cette partie de leurs fonctions qui sera ainsi exercée, sinon avec plus de zèle, du moins avec des lumières plus positives, plus étendues, et une action plus prochaine et plus puissante.

Enfin, Messieurs, le dernier titre de la loi contient des dispositions diverses.

L'une de ces dispositions établit que les fonctions des prud'hommes négociants-fabricants seront gratuites, et les mutations annuelles n'enlevant à chacun qu'une partie de leur temps, feront de l'exercice de cette charge une honorable contribution dont profitera le commerce de Lyon et celui de la France entière.

Les chefs d'ateliers attachés aux conseils de prud'hommes, n'ayant souvent pour richesse que leur travail, pourront recevoir une indemnité de l'emploi qu'ils feront, pour l'utilité publique, d'un temps qui est leur patrimoine et celui de leur famille.

Une autre disposition appelle les prud'hommes à remplir, par deux visites ou inspections annuelles, des fonctions que remplissaient jadis les inspecteurs des manufactures.

Ils recueilleront, dans ces tournées, des connaissances statistiques importantes sur le nombre des ouvriers, des métiers, sur les améliorations dont la fabrication est susceptible, sur ses pertes, si elle en éprouvait, sur les moyens de les réparer, et sur tout ce qui peut intéresser l'ordre public et les progrès de l'industrie.

Vous le voyez, Messieurs, la loi que je vous présente crée une institution nouvelle mieux conçue que celle des juges-gardes et des syndics, aussi avantageuse que le fut celle-ci, et n'offrant aucun de ses inconvénients. Elle réalisera des conceptions utiles et en préparera de nouvelles, elle effectuera un bien présent, et pourra disposer plus de bien encore pour l'avenir.

Enfin, cette loi donnera des règles au commerce, des chaînes à la mauvaise foi, de l'activité à la police, des lumières à l'économie politique, de la fidélité au fabricant, une garantie au consommateur. Elle fera plus, elle contribuera puissamment à ramener le commerce et ses chefs, la fabrication et ses employés, les manufactures et leurs ouvriers, à cette loyauté qui fut jadis et qui redeviendra leur caractère ; elle influera sur le retour si désiré de toutes les classes négociantes, à cette vie active qui est un moyen de générosité, à ces principes d'ordre sans lesquels il n'est point de richesse, à la simplicité de cette vie domestique sans laquelle il n'est point de cité ; enfin à la pureté de ces mœurs antiques sans lesquels il est peu de bonheur.

N° 2.

DISCOURS

Du tribun Camille Pernon, à la séance du corps Législatif du 18 mars 1806, avant le vote de la loi des prud'hommes.

MESSIEURS,

La ville de Lyon, pendant le siècle qui vient de s'écouler, renferma dans son sein une population nombreuse, composée d'hommes industrieux, dont une grande partie a péri en défendant, avec énergie et courage, des coutumes et des lois protectrices des mœurs et de la prospérité publiques.

Leur industrieuse activité, leur probité sévère, avaient donné au commerce dont ils s'occupaient une telle étendue, les produits de leurs manufactures jouissaient dans l'étranger d'une telle confiance, qu'on vit pendant cette période de temps les travaux de cette ville florissante ajouter chaque année à la richesse nationale 60 millions de numéraire. C'est ainsi qu'une cité aussi célèbre par ses malheurs que par la loyauté de ses habitants augmentait les ressources et la force de l'Etat, et s'acquittait envers lui de la protection sous laquelle s'exerçait son industrie.

Aussitôt que les lois et les coutumes qui avaient fait sa splendeur n'existèrent plus, des hommes pervers, prétendant introduire, jusque dans la fabrication des étoffes, la licencieuse liberté du temps, leur donnèrent des qualités trompeuses qui devaient lui faire perdre la confiance de l'acheteur.

Dans cette situation, le chef auguste qui nous gouverne, dont l'œil est partout, et qui sait que si les mœurs, l'ordre et l'économie n'existent pas dans les ateliers, aucune entreprise de l'industrie ne saurait avoir de succès permanents, s'est hâté d'y ramener ces institutions tutélaires qui, formant l'homme au travail et à la vertu, assurent le bonheur des individus et la fortune publique. Déjà, par ses arrêtés du 20 floréal dernier, il a ordonné que les tissus principaux des fabriques de Lyon fussent revêtus de marques qui assurent dans les uns leurs qualités intrinsèques, dans d'autres la valeur des métaux qui en font partie ; de manière que le consommateur ne peut plus aujourd'hui être trompé dans les étoffes qu'il achète sous cette garantie.

La loi que j'ai l'honneur de vous présenter en ce moment, Messieurs, est une suite de ces dispositions qui tendent à régénérer les manufactures françaises. Ses premier et second titres établissent et organisent un conseil de prud'hommes dans la ville de Lyon, et règlent ses attributions.

Ce conseil doit remplacer l'ancien corps des juges-gardes, débarrassé, dans ses formes, de tout ce que l'expérience a montré être nuisible au progrès de l'industrie et à la liberté du commerce.

Ce tribunal, par la nature de sa composition et dans l'exercice des pouvoirs qui lui sont délégués, a un avantage sur ceux qu'il remplace. Il doit être composé d'hommes qui, par leurs habitudes et leur éducation, auront acquis toutes les connaissances qui doivent faire présumer la justesse et l'équité de leurs décisions. Appelés à terminer les différends entre leurs égaux,

7

il leur sera facile de gagner leur confiance, et souvent ils pourront s'en servir avec avantage pour concilier entre eux, par des invitations paternelles, en évitant de prononcer des jugements qui laissent fréquemment de l'aigreur entre les parties intéressées.

La surveillance qu'ils doivent exercer, les communications journalières et bienveillantes qu'ils doivent entretenir avec tous les artisans, redonneront aux membres de cette famille industrieuse cet esprit d'ordre qui leur convient, cette rigidité de principes nécessaire dans toutes les transactions commerciales, et surtout cette émulation qui, fécondant le vaste et fertile domaine de l'imagination, multiplie les arts par lesquels les diverses substances de notre globe sont forcées à revêtir les formes et les qualités qu'exigent nos goûts ou nos besoins, et constituent l'ensemble de tous les objets commerçables.

La troisième section du second titre charge les prud'hommes des mesures conservatrices de la propriété des dessins. La propriété indéfinie des dessins que la loi permet d'acquérir a appartenu de tout temps aux manufacturiers qui les ont produits. Cet usage assurait à chacun le produit de ses découvertes. Il faisait rechercher et permettait de payer les artistes les plus distingués : c'est à cet usage que les manufactures ont dû la faculté de varier à tel point leurs inventions, qu'elles ont pu satisfaire à tous les caprices de la mode, en même temps qu'elles ont contribué à les multiplier chez presque tous les peuples de l'ancien et du nouveau monde, au grand avantage de ces mêmes manufactures.

Vous observerez, Messieurs, que la facture d'un dessin ne saurait être assimilée aux inventions dans les arts pour lesquels s'obtiennent des brevets d'invention.

Ceux-ci sont toujours le résultat d'une découverte ou du perfectionnement d'un objet utile qu'il importe de faire connaître ou de multiplier. Il n'en est pas de même du dessin d'une étoffe, qui n'a le plus souvent d'intéressant que de fournir aux consommateurs la facilité de faire un choix qui lui plaise davantage.

L'intention de la loi sur les brevets se trouve cependant remplie.

L'un des articles de cette section ordonne le dépôt à faire au Conservatoire de Lyon, dans un temps déterminé, de tous les échantillons des inventions nouvelles.

Cette disposition met tous les manufacturiers à portée de profiter de leurs découvertes mutuelles, avec cet avantage pour les progrès de l'art, que chacun se trouve forcé de perfectionner ou de créer une nouveauté pour obtenir la préférence sur ses rivaux. Cet établissement précieux, fondé par Sa Majesté, et qui a pour but de rassembler toutes les découvertes anciennes et modernes relatives aux arts et manufactures, avec toutes les parties d'enseignement qui peuvent servir à les perfectionner, leur offre encore une ressource dont l'avantage est incalculable.

Le titre III de la loi est une interprétation ajoutée à celle sur les livrets, avec les changements qu'ont exigés les localités où elle doit s'exercer. Elle rétablit un usage dont l'expérience a démontré l'utilité. Cette loi fixe d'une manière précise les rapports de comptabilité entre les chefs d'ateliers et les négociants qui les occupent. D'une part, ceux-ci se trouvent assurés dans le remboursement de leurs avances; d'autre part, l'ouvrier ne peut être privé, dans aucun cas, des ressources de son travail. Ce mode facilite, de plus, l'établissement d'un grand nombre d'hommes qui, par leur travail et leur bonne conduite, peuvent mériter la confiance des manufacturiers.

Enfin, Messieurs, le dernier article de la loi, en déclarant que ces principes, modifiés selon les circonstances, sont applicables aux autres villes de fabrique, proclame l'admission d'un système bien propre à les faire fleurir toutes. Ce système, en assimilant chaque cité à une grande famille, qui a toujours un intérêt principal dont les membres sont les meilleurs juges et les promoteurs les plus constants et les plus éclairés, s'achemine à devenir elle-même l'artisan de sa prospérité, la rend comme responsable de sa conduite et de sa réputation, et fait, en un mot, que ses citoyens exercent réciproquement, sur l'industrie qui leur est commune, une surveillance dont l'activité est garantie par l'intérêt direct de chacun d'eux. Une inspection ainsi organisée est le meilleur et peut-être l'unique frein qu'on puisse opposer efficacement aux sourdes suggestions de l'intérêt particulier et aux lâches combinaisons de la fraude.

Ainsi, quand Lyon surveillera ses soieries, Rouen ses toiles, Louviers ses draps, Genève ses bijoux et ses montres, alors la France et l'étranger pourront acheter avec sécurité les produits de l'industrie française; et la valeur commerciale de tous ces objets sera comme rehaussée par une prime équivalente à tout ce que leur fabrication a gagné en fidélité.

Ces motifs, Messieurs, ont engagé la section de l'intérieur du tribunat à vous proposer l'adoption de la loi qui vous a été proposée.

N° 3.

RAPPORT AU ROI

Sur l'établissement, à Paris, d'un conseil de prud'hommes pour l'industrie des métaux et les industries qui s'y rattachent.

Ordonnance du 29 décembre 1844.

———

SIRE,

L'institution des conseils de prud'hommes, qui a été fondée à Lyon par la loi du 18 mars 1806, s'est étendue et propagée dans toute la France; soixante-six villes, parmi lesquelles on compte Lyon, Rouen, Lille, Marseille, Strasbourg, Amiens, Nîmes, Saint-Quentin, etc., jouissent depuis longtemps de cette juridiction conciliatrice, si heureusement appropriée aux besoins de la fabrique. Paris seul, parmi les grands centres manufacturiers, Paris, cette grande capitale de l'industrie, est resté privé jusqu'à ce jour du bienfait de cette institution.

Ce n'est pas qu'à diverses époques des tentatives n'aient été faites pour y établir un conseil de prud'hommes. En 1819 et en 1828, le conseil général des manufactures fut saisi de cette question importante, et des études approfondies, qui n'ont pas été perdues, en préparèrent la solution. Mais la difficulté de mettre l'institution en harmonie avec les conditions si diverses de la fabrique de la capitale fit échouer ces tentatives.

Cependant personne ne pouvait méconnaître les considérations d'ordre public et d'intérêt privé qui recommandent cette institution, et les services qu'elle rend à l'industrie.

En effet, de 1830 à 1839, le nombre des affaires soumises aux conseils de prud'hommes a été de 135,730, sur lesquelles 128,319 ont été conciliées et 3,573 abandonnées par les parties; 3,838 jugements sont intervenus, 2,350 en dernier ressort et 1,488 en premier; et sur ces derniers 155 seulement ont été frappés d'appel.

Comment la ville de Paris, qui renferme dans son sein plus de 200 industries différentes, qui compte tant et de si grands établissements, et qui entretient une population ouvrière plus nombreuse que la plus nombreuse population d'aucune autre ville de France, ne recueillerait-elle pas d'immenses avantages d'une fondation qui a porté de tels fruits?

Le conseil général des manufactures, la chambre de commerce et le tribunal de commerce de Paris, le conseil général du département de la Seine, ont répondu à cette question en réclamant avec instance la création d'un conseil de prud'hommes. Des enquêtes nombreuses ont préparé l'étude du projet, et le conseil municipal, s'associant à ces manifestations unanimes et secondant les intentions du gouvernement, a voté les fonds nécessaires pour l'installation et le service de ce conseil.

C'est dans cet état, Sire, que j'ai l'honneur de soumettre à Votre Majesté le projet d'ordonnance, délibéré en conseil d'Etat, et qui dotera la ville de Paris d'une institution désirée depuis longtemps.

Une juridiction, en effet, établie, comme l'a rappelé la chambre de commerce de Paris, pour terminer par voie de conciliation les différends qui s'élèvent journellement, soit entre des fabricants et des ouvriers, soit entre des chefs d'atelier et des compagnons ou apprentis, une juridiction qui juge, sans formes ni frais de procédure et sans appel, ceux de ces différends, à l'égard desquels la conciliation n'a pu avoir lieu, ne saurait manquer d'avoir une heureuse influence, en épargnant à ceux pour lesquels elle est instituée et une perte d'argent et une perte du temps qui doit être employé au travail.

Pendant quelques années l'accroissement continuel de l'industrie parisienne, la multiplicité et la diversité infinie des branches de fabrication qui la composent, ont pu paraître un obstacle à l'établissement des prud'hommes dans la capitale. Mais cet obstacle est aujourd'hui levé par le système que j'ai l'honneur de soumettre à Votre Majesté, et qui ne repose plus sur l'idée d'un conseil unique, prononçant indistinctement sur toutes les affaires de la fabrique; mais sur l'existence simultanée de plusieurs conseils, connaissant, chacun dans sa spécialité, des contestations relatives à un certain nombre d'industries analogues, groupées sous sa juridiction.

Cette combinaison, recommandée par la chambre de commerce et par le conseil municipal de Paris, m'a paru répondre d'une manière satisfaisante aux besoins de l'industrie parisienne; et elle s'appuie heureusement sur la disposition de l'article 35 de la loi du 18 mars 1806, qui permet au gouvernement *de faire varier, selon les lieux, la composition des conseils de prud'hommes.*

Je ne propose pas d'ailleurs à Votre Majesté de créer, dès ce moment, plusieurs conseils; je crois, comme le conseil municipal, qu'il est convenable de n'en former d'abord qu'un seul *à titre d'expérience et d'essai*, et je pense, avec lui, que si cette mesure ne donne pas tout d'abord aux partisans sincères de l'établissement des conseils de prud'hommes, tout ce qu'ils auraient voulu obtenir, elle introduit du moins l'institution dans la capitale, où elle était, jusqu'à ce jour, restée étrangère ; elle lui permet de s'y établir et de pénétrer insensiblement dans les mœurs et les habitudes des fabricants et des ouvriers. Cette concession sera, je n'en doute pas, un bienfait pour la fabrique entière ; et, dans mon intime conviction, l'institution pourra, dans un avenir prochain, être étendu à la généralité des manufactures.

L'industrie choisie pour le premier conseil est celle des métaux ; c'est celle qui compte le plus grand nombre de fabricants et d'ouvriers. Elle se compose de cinq catégories distinctes, et comprend : la construction des machines et le travail du fer, les orfèvres et bijoutiers, les fabricants d'instruments de précision et de musique et d'horlogerie, les fabricants de bronze et lampistes, l'armurerie et la coutellerie. Plus de quarante autres industries viennent, en outre, se grouper dans ces cinq grandes divisions ; et leur réunion présentera, par le nombre et l'importance des fabriques, un ensemble plus considérable que la circonscription entière des autres conseils. L'épreuve pourra donc être considérée comme complète, et son résultat suffira pour éclairer l'administration sur l'utilité de la mesure générale, ainsi que sur la possibilité et la convenance de son application à la ville de Paris.

Le conseil sera composé de 15 membres et de 10 suppléants ; chaque catégorie nommera séparément ses membres dans une assemblée commune composée des fabricants, contre-maîtres, chefs d'atelier et ouvriers patentés ; la réunion des membres nommés par les cinq sections formera le conseil.

La juridiction du conseil s'appliquera à toutes les manufactures, fabriques et ateliers dont les industries doivent concourir à la nomination de ses membres.

La ville de Paris fournira le local nécessaire à la tenue des séances du conseil et pourvoira à ses dépenses.

Ces dispositions, Sire, sont généralement conformes à celles qui régissent les conseils institués dans les autres villes ; elles sont empruntées, pour la plupart, aux lois et décrets des 18 mars 1806, 20 février et 3 août 1810, qui forment la législation sur la matière.

Ainsi constitué, le conseil de prud'hommes créé pour les métaux et les industries qui s'y rattachent, réalisera, on ne peut en douter, pour cette grande division de l'industrie de la capitale, les résultats avantageux qui ont été obtenus dans les principales villes manufacturières de France. Ici, comme sur tous les autres points, l'institution portera ses fruits ; elle soulagera la juridiction des juges de paix et celle du tribunal de commerce, et suppléera à leur insuffisance ; elle épargnera presque toujours, au maître comme à l'ouvrier, les frais et la perte de temps des débats judiciaires ; elle conciliera beaucoup et jugera rarement. L'influence morale des prud'hommes, agissant sur les fabricants et sur ceux qu'ils emploient, rendra leurs rapports plus faciles, et préviendra ainsi une foule de contestations auxquelles il n'aurait fallu, pour naître, qu'un tribunal et des juges, et qui n'oseront se produire devant des prud'hommes.

Je suis, etc.   Signé : CUNIN-GRIDAINE.

Nº 4.

LISTE

Des industries comprises dans la section des métaux.

PREMIÈRE CATÉGORIE.

1º *Mécaniciens.* Fabricant d'appareils et d'ustensiles pour le gaz,—de cylindres en métal,— de pompes hydrauliques et à incendie,— de métiers mécaniques pour les fabriqués ou manufactures à tisser les étoffes, à filer les bas, etc.,—de presses mécaniques.

2º *Constructeurs de machines.* Constructeur d'appareils à vapeur,—d'appareils de distillation,—de machines à vapeur,—de bateaux à vapeur. Fabricant de machines à carder, filer, ouvrer, lainer, brosser les draps ou autres.

3º *Fondeurs.* Entrepreneur de fonderie, cuivre, fer, bronze. Fondeur de cuivre, fer, bronze et fonte de fer,— de caractères d'imprimerie,— de cloches. Plombier, fondeur.

4º *Fabricants de grosse chaudronnerie.* Fabricant d'alambics et autres vaisseaux en cuivre,— de chaudières. Dinandier ou fabricant d'instruments de cuivre. Chaudronnier, fabricant de chaudières au marteau.

5º *Entrepreneurs de serrurerie.* Fabricant de ressorts pour voitures. Serrurier en bâtiments, en voitures,— mécanicien.

6º *Carrossiers.* Carrossier, fabricant. Sellier-carrossier.

DEUXIÈME CATÉGORIE.

1º *Orfèvres.* Fabricant de bouclerie en or ou en argent,—

de boîtes de montres,— de tabatières en argent. Faiseur et monteur de boîtes (fournissant la matière). Cuilleriste ou fabricant de couverts (argent et vermeil). Fabricant d'argenterie — de couverts d'argent,— de dés à coudre. Orfévres (fabricants). Orfévres à façon. Fabricant d'objets en platine—d'objets en maillechort.

2° *Fabricants de plaqué.* Fabricant d'argenterie plaquée, — bijoutier en doublé d'or sur argent,— d'orfévrerie plaquée — d'objets en doublé d'or et d'argent. Plaqueur. (Celui qui applique des feuilles d'argent sur des objets en fer, notamment pour la sellerie, les voitures, et travaillant à façon.)

3° *Fabricants de bijouterie fine.* Fabricant bijoutier en or ou en argent,— de chaînes en or ou en argent,— de jaseron. Joaillier. Fabricant de lorgnons en or ou en argent. Garnisseur de boîtes, tabatières (avec or ou argent). Bijoutier travaillant à façon.

4° *Fabricants de bijouterie fausse.* Fabricant bijoutier en faux. Fabricant de dés à coudre, en cuivre doré. Fabricant d'imitation,— de bijoux dorés. Bijoutier (faisant le bijou en cuivre et le livrant en blanc sans être achevé ni doré). Bijoutier à façon.

TROISIÈME CATÉGORIE.

1° *Fabricants d'instruments de précision.* Fabricant d'instruments de physique,—d'outils de mathématiques,—de compas,— d'instruments de mathématiques, de graphomètres, etc.

2° *Fabricants d'instruments d'optique.* Fabricant de lorgnettes,— de microscopes,— de télescopes. Fabricant d'instruments d'astronomie, de physique,— d'instruments d'optique,— lunetier. Opticien. Lunetier à façon.

3° *Fabricants d'instruments de musique.* Fabricant de pianos (ou forté-pianos). Facteur de harpes. Fabricant d'orgues,— de mécaniques à musique pour boîtes et bijoux,— de musique mécanique pour montres, pendules, tabatières, etc.,— de serinettes,— de trompettes,— et marchand de clavecins, — luthier.

4° *Fabricants d'horlogerie.* Fabricant de ressorts de pendules,—de ressorts de montres,—de timbres d'horlogerie. Marchand-fabricant horloger——de pièces pour horlogerie. Finisseur et horlogerie.

QUATRIÈME CATÉGORIE.

1° *Fabricants de bronzes.* Fabricant de bronzes et dorures, — de lustres et bronzes,— de flambleaux, candelabres, girandoles. Bronzeur, ouvriers à façon.

2º *Ciseleurs.* Ciseleur en cuivre et en bronze.

3º *Doreurs.* Doreur sur métaux travaillant pour les marchands, les fabricants et les particuliers. Fabricant de dorures et argentures.

4º *Estampeurs.* Entrepreneur d'estampures. Estampeur (celui qui estampe sur des matières à lui, qui fournit la matière), — à façon (travaillant pour les fabricants). Ornements estampés pour appartements.

5º *Fabricants de lampisterie.* Fabricant de réverbères,— de quinquets. Lampiste.

6º *Fabricants de ferblanterie.* Fabricant de gouttières en fer-blanc, zinc, châssis,— de calefacteurs,— de baignoires, — zingueur (assimilé au ferblantier). Ferblantier. Fabricant d'objets en ferblanterie. Ferblantier-lampiste. Fabricant de tôles vernies (assimilé au ferblantier).

CINQUIÈME CATÉGORIE.

1º *Fabricants d'armes.* Manufacturiers d'armes,— blanches — à feu,— de guerre,— de chasse. — Fabricant de canons de fusil — de lames de sabre, d'épée, de fleuret. — Armurier. Arquebusier.

2º *Fabricants d'instruments de chirurgie.* Fabricant d'instruments de chirurgie en métal.

3º *Fabricants de coutellerie.* Fabricant de coutellerie (en grand avec usine),—Id. (par les moyens ordinaires). Fabricant de rasoirs, — de forces, gros ciseaux pour les manufactures de métaux. Coutelier.

⸺⸺❦⸺⸺

Nº 5.

PROJET DE LOI

CONCERNANT LES MODÈLES ET DESSINS DE FABRIQUES.

⸺

TITRE PREMIER.

Dispositions générales.

ARTICLE PREMIER. Toute personne qui aura composé, fait composer ou acquis un nouveau modèle ou dessin de fabrique

7.

aura le droit exclusif de l'exploiter, pour le temps et sous les conditions ci-après déterminées.

Art. 2. Sont réputés modèles ou dessins de fabrique toutes combinaisons de tissage et toutes dispositions de dessin, de peinture ou de sculpture, appliquées à la composition d'objets industriels.

Aucune disposition de dessin, de peinture ou de sculpture ne pourra être employée dans la composition d'un modèle ou d'un dessin de fabrique au préjudice des droits résultant de la loi du 19 juillet 1793 pour les auteurs de productions appartenant aux beaux arts.

Art. 3. La durée du droit exclusif d'exploitation garanti par l'art. 1er sera de deux, cinq, dix ou quinze années suivant la nature des produits.

Un règlement d'administration publique déterminera le classement des produits pour l'application de cette disposition. Ce classement pourra être ultérieurement complété ou modifié dans la même forme.

TITRE II.

Du dépôt des modèles et dessins de fabrique.

Art. 4. Quiconque voudra s'assurer le droit exclusif d'exploitation d'un modèle ou d'un dessin de fabrique, devra, avant toute livraison de produits exécutés sur ledit modèle ou dessin, en déposer l'esquisse ou l'échantillon au greffe du tribunal de commerce de son arrondissement.

La date de ce dépôt constituera le point de départ des droits du déposant.

Art. 5. Chaque dépôt sera constaté au moyen d'un procès-verbal dressé sur un registre à ce destiné, par le greffier du tribunal de commerce, et signé par le déposant ou son fondé de pouvoirs.

Les esquisses ou échantillons devront être déposés en double exemplaire ; chaque exemplaire, sous une enveloppe séparée et scellée du cachet du déposant. Il ne sera dressé qu'un procès-verbal pour tous les modèles ou dessins appartenant à la même personne, qui seront déposés en même temps.

Les procès-verbaux énonceront le jour et l'heure du dépôt, ainsi que le nombre, la nature et la destination des modèles ou dessins déposés.

Art. 6. Il sera payé au greffier du tribunal de commerce un droit fixe de 1 fr. pour la rédaction de chaque procès-verbal et la délivrance de la première expédition, non compris le remboursement des frais de timbre et d'enregistrement.

Le même droit de 1 fr. sera payé pour la délivrance de toute expédition ultérieure entière, ou par extrait, dudit procès-verbal, non compris le remboursement des mêmes frais.

Art. 7. Les esquisses ou échantillons déposés resteront sous cachet pendant un temps qui sera déterminé, suivant la classe à laquelle les produits appartiendront, par le règlement à intervenir en exécution de l'art. 3.

TITRE III.

Des nullités et déchéances, et des actions y relatives.

Art. 8. Seront nuls et de nul effet les dépôts effectués dans les cas suivants :

1º Si la même enveloppe contient l'esquisse ou l'échantillon de plus d'un modèle ou dessin complet ;

2º Si le modèle ou dessin dont l'esquisse ou l'échantillon a été déposé n'est pas nouveau, ou si le dépôt n'a été effectué qu'après livraison de produits exécutés sur ledit modèle ou dessin.

Art. 9. Sera déchu des droits résultant du dépôt :

1º Le déposant qui n'aura pas exploité en France le modèle ou dessin faisant l'objet du dépôt, avant l'expiration du temps pendant lequel les esquisses ou échantillons doivent rester sous cachet, en exécution de l'art. 7 ;

2º Le déposant qui aura introduit en France des produits fabriqués en pays étrangers sur le modèle ou dessin déposé.

Art. 10. Les actions en nullité ou en déchéance et les contestations relatives à la propriété du droit d'exploitation des modèles ou dessins de fabrique seront portés devant les tribunaux de commerce.

TITRE IV.

De la contrefaçon, des poursuites et des peines.

Art. 11. Toute atteinte portée aux droits garantis par la présente loi, soit par la reproduction, soit par l'imitation frauduleuse sur un produit de même nature ou de nature différente, d'un modèle ou d'un dessin dont l'esquisse ou l'échantillon a été régulièrement déposé, constitue le délit de contrefaçon. Ce délit sera puni d'une amende de 100 francs à 2,000 francs.

Seront punis de la même peine ceux qui auront sciemment recélé, vendu, exposé en vente ou introduit sur le territoire français, un ou plusieurs produits exécutés sur un modèle ou sur un dessin contrefait.

Si la reproduction a eu lieu par le moyen du surmoulage, l'amende sera de 200 fr. à 4,000 fr.

Art. 12. S'il y a récidive, il sera prononcé, outre l'amende, un emprisonnement d'un mois à six mois, dans le cas prévu par les deux premiers paragraphes de l'article précédent, et de deux mois à un an dans le cas prévu par le dernier paragraphe du même article.

Il y a récidive lorsqu'il a été rendu contre le prévenu, dans les cinq années antérieures, une condamnation pour un des délits prévus par la présente loi.

Art. 13. L'article 463 du Code pénal pourra être appliqué aux délits prévus par la présente loi.

Art. 14. Les peines établies par la présente loi ne pourront être cumulées.

La peine la plus forte sera seule prononcée pour tous les faits antérieurs au premier acte de poursuite.

Art. 15. L'action correctionnelle, pour l'application des peines ci-dessus, ne pourra être exercée par le ministère pulic que sur la plainte de la partie lésée.

Si, devant le tribunal correctionnel, le prévenu fait valoir des moyens de nullité ou de déchéance, ou soulève des questions relatives à la propriété du droit d'exploitation des modèles ou dessins de fabrique, le même tribunal statuera sur l'exception.

Art. 16. La partie lésée pourra, en vertu d'une ordonnance du président du tribunal de première instance, faire procéder, par tous huissiers, à la désignation et description détaillées, avec ou sans saisie, des produits exécutés sur un modèle ou dessin prétendu contrefait, et à celles des planches, cartons, moules, matrices, rouleaux ou autres objets ayant servi spécialement à la fabrication.

L'ordonnance sera rendue sur simple requête et sur la production du procès-verbal de dépôt mentionné dans l'art. 5; elle contiendra, s'il y a lieu, nomination d'un expert pour aider l'huissier dans sa description.

Ladite ordonnance pourra imposer au requérant un cautionnement qu'il sera tenu de consigner avant de faire procéder à la saisie.

Il sera laissé copie au détenteur des objets saisis ou décrits, tant de l'ordonnance que de l'acte constatant le dépôt du cautionnement, le cas échéant; le tout à peine de nullité et de dommages-intérêts contre l'huissier.

Art. 17. A défaut par le requérant de s'être pourvu, soit par la voie civile, soit par la voie correctionnelle, dans le délai de huitaine, outre un jour par 5 myriamètres de distance entre le lieu où se trouvent les objets décrits ou saisis et le domicile du contrefacteur, receleur, introducteur ou débitant, la description ou saisie sera nulle de plein droit, sans préjudice des dommages-intérêts qui pourront être réclamés s'il y a lieu, devant le tribunal de commerce.

ART. 18. La confiscation des produits fabriqués sur un modèle ou sur un dessin contrefait, et, le cas échéant, celle des instruments ou usténsiles ayant servi spécialement à la fabrication, seront prononcées contre le contrefacteur, le recéleur, l'introducteur ou le débitant.

Les objets confisqués seront remis à la partie lésée, sans préjudice de plus amples dommages-intérêts, et de l'affiche du jugement, s'il y a lieu.

Dans les cas d'acquittement, le tribunal statuera sur les dommages-intérêts qui seraient respectivement demandés, et il pourra ordonner la remise à la partie lésée des objets saisis ou décrits, sans préjudice de plus amples dommages-intérêts, s'il y a lieu.

TITRE V.

Dispositions relatives aux étrangers.

ART. 19. Les étrangers jouiront en France des droits garantis par la présente loi, en remplissant les formalités et conditions qui y sont déterminées.

TITRE VI.

Dispositions particulières.

ART. 20. La présente loi n'aura effet que trois mois après sa promulgation.

Des ordonnances royales portant règlement d'administration publique pourront en appliquer les dispositions aux colonies, avec les modifications qui seront jugées nécessaires.

ART. 21. Seront abrogés, à partir de la même époque, les articles 14 à 19 de la loi du 18 mars 1806, et toutes dispositions antérieures à la présente loi, relatives aux modèles et dessins de fabrique.

N° 6.

PROJET DE LOI

CONCERNANT LES LIVRETS DES OUVRIERS.

Art. 1er. Les ouvriers de l'un et l'autre sexe employés dans les manufactures, fabriques, usines, mines, carrières, chantiers, ateliers et exploitations rurales, ou travaillant pour ces établissements, seront tenus de se munir d'un livret.

Art. 2. Les livrets seront en papier non timbré, cotés et paraphés gratuitement; ils seront délivrés sans autres frais que le remboursement de leur prix de confection, qui ne pourra excéder 50 centimes.

Art. 3. Aucun fabricant, manufacturier, exploitant d'usine, mine, carrière, maître de chantier ou d'atelier, ou chef d'exploitation rurale, ne pourra admettre un individu soumis aux dispositions de l'article 1er, si celui-ci ne produit son livret portant congé ou certificat d'acquit de ses engagements antérieurs.

Le chef d'établissement conservera entre ses mains le livret de l'ouvrier tant qu'il continuera de l'employer, et inscrira ses noms et prénoms sur un registre spécial en papier non timbré qu'il devra tenir à cet effet.

Art. 4. L'ouvrier qui a contracté un engagement ne peut exiger la remise de son livret revêtu du congé avant d'avoir rempli cet engagement.

Si l'inexécution de l'engagement provient du défaut de paiement des salaires, du manque d'ouvrage, ou de toute autre cause indépendante de la volonté de l'ouvrier, le chef d'établissement ne peut refuser la délivrance du congé et la remise du livret, sans préjudice des droits qui pourraient résulter pour l'ouvrier de l'inexécution des conventions intervenues.

Art. 5. Si la personne qui a employé l'ouvrier se refuse, sans motif légitime, à délivrer le congé, ou si elle en est empêchée, le congé sera délivré sans frais par le maire, après vérification.

Art. 6. Si, au moment de la délivrance du congé, l'ouvrier reste débiteur d'une partie des avances qui ont pu lui être faites, le montant en est inscrit sur le livret soit par le chef d'établissement, soit par le maire.

Toute personne qui emploie, dans l'un des établissements mentionnés en l'article 1er, un ouvrier dont le livret se trouve ainsi chargé d'avances, doit exercer sur le salaire de ce dernier une retenue d'un cinquième au profit du créancier, mais sans que la retenue totale puisse excéder 60 fr.

Celui qui aura négligé d'exercer ladite retenue en restera personnellement responsable jusqu'à concurrence du maximun fixé ci-dessus.

ART. 7. Le livret tiendra lieu, à celui qui en sera muni, du passeport à l'intérieur.

Les lois et règlements relatifs aux passeports à l'intérieur sont applicables aux livrets, sauf les exceptions résultant des dispositions de la présente loi.

ART. 8. Les contestations qui pourraient s'élever entre les chefs d'établissement et les ouvriers, relativement au livret, seront jugées par le maire sans recours et sans frais, les parties présentes ou appelées par voie de simple avertissement. La décision sera exécutoire sur minute et sans aucun délai.

Il n'est dérogé, ni à l'art. 5, nº 3, de la loi du 25 mai 1838, en ce qui concerne la compétence des juges de paix, ni aux articles 10, 11 et 12 du décret du 20 février 1810, en ce qui concerne les contestations relatives aux conventions et opérations de fabriques dont la connaissance est attribuée aux conseils de prud'hommes.

ART. 9. Des ordonnances royales portant règlement d'administration publique détermineront la forme des livrets, et les règles à suivre pour leur délivrance, leur tenue et leur renouvellement.

Elles régleront la forme du registre prescrit par l'article 3, et les indications qu'il devra contenir.

Elles pourront étendre l'application des dispositions de la présente loi à des établissements autres que ceux mentionnés en l'article 1er.

ART. 10. Les fonctions attribuées aux maires par les articles 5, 6 et 8, seront exercées à Paris par le préfet de police.

ART. 11. Les contraventions aux articles 1er et 3 ci-dessus, et aux règlements d'administration publique qui seront publiés pour l'exécution de la présente loi, seront poursuivies devant le tribunal de simple police, et punies d'une amende de 1 fr. à 15 fr., sans préjudice de tous dommages-intérêts, s'il y a lieu.

Il pourra de plus être prononcé, selon les circonstances, un emprisonnement d'un jour à cinq jours.

ART. 12. La présente loi n'aura effet que trois mois après sa promulgation.

Seront abrogés, à compter de la même époque, les articles 12 et 13 de la loi du 22 germinal an XI, et toutes les dispositions antérieures à la présente loi relatives aux livrets d'ouvriers.

N° 7.

PROJET DE LOI

CONCERNANT LES MARQUES DE FABRIQUES.

TITRE PREMIER.

De la propriété des marques de fabriques et de commerce.

Article 1er. Tout manufacturier ou commerçant a le droit d'apposer des marques particulières sur les produits de sa fabrication ou sur les objets de son commerce.

Les emblèmes, dénominations, empreintes, timbres, cachets, vignettes, reliefs, lettres, chiffres, enveloppes, et tous autres signes servant à distinguer les produits d'une fabrique ou d'une maison de commerce sont considérés comme marques.

Art. 2. Quiconque voudra s'assurer la propriété d'une marque distinctive devra, préalablement, en déposer deux exemplaires au greffe du tribunal de commerce de son arrondissement.

La date de ce dépôt constituera le point de départ des droits du déposant.

Art. 3. Indépendamment du dépôt prescrit par l'article qui précède, les fabricants soumis à la juridiction d'un conseil de prud'hommes seront tenus de déposer un exemplaire de leur marque au secrétariat de ce conseil.

Art. 4. Chaque dépôt donnera lieu, au profit tant du greffier du tribunal de commerce que du secrétaire du conseil des prud'hommes, au paiement d'un droit fixe de 1 franc pour la rédaction du procès-verbal et pour le coût de la première expédition, non compris le remboursement des frais de timbre et d'enregistrement.

Le même droit de 1 franc sera perçu pour chaque expédition ultérieure du procès-verbal, outre le remboursement des frais de timbre et d'enregistrement.

Art. 5. Nul ne pourra employer une marque distinctive déjà adoptée par un autre fabricant ou commerçant.

Art. 6. Tout fabricant pourra inscrire sur ses produits le nom du lieu de leur fabrication.

Une ordonnance royale déterminera, pour l'exécution de la disposition qui précède, la banlieue industrielle de chaque ville de fabrique.

Art. 7. Tout fabricant qui inscrira sur ses produits le nom

du lieu de leur fabrication devra ajouter à cette indication sa raison de commerce ou la dénomination particulière de son établissement.

ART. 8. Nul ne pourra inscrire sur ses produits le nom d'un lieu autre que celui de leur fabrication.

TITRE II.

Pénalités.—Juridictions.

SECTION PREMIÈRE.—*Pénalités.*

ART. 9. Seront punis d'une amende de 100 francs à 2,000 francs, et d'un emprisonnement d'un mois à un an, ou de l'une de ces deux peines seulement:

1° Ceux qui auront usurpé, altéré ou contrefait la marque distinctive, la raison de commerce ou la dénomination particulière d'un établissement ;

2° Ceux qui, à côté de l'indication du lieu de fabrication, n'auront pas inscrit sur leurs produits leur raison de commerce ou la dénomination particulière de leur établissement ;

3° Ceux qui auront inscrit sur leurs produits le nom d'un lieu autre que celui de la fabrication.

ART. 10. Seront punis des peines portées en l'article précédent, ceux qui auront sciemment recélé, vendu, exposé en vente, ou introduit sur le territoire français, un ou plusieurs produits marqués en contravention aux disposition de la présente loi.

ART. 11. Seront punis des mêmes peines ceux qui, par l'emploi frauduleux de marques industrielles ou commerciales, auront trompé l'acheteur sur la nature, l'origine ou la qualité de toutes marchandises.

ART. 12. Les peines portées par les articles 9, 10 et 11 pourront être élevées jusqu'au double, en cas de récidive.

Il y a récidive lorsqu'il a été prononcé contre le prévenu, dans les cinq années antérieures, une condamnation pour un des délits prévus par la présente loi.

ART. 13. L'article 463 du Code pénal pourra être appliqué aux délits prévus par les dispositions qui précèdent.

ART. 14. Dans les cas prévus par les articles 9, 10 et 11, la confiscation des produits sera prononcée, ainsi que celle des timbres et cachets, et généralement de tous instruments ou ustensiles ayant servi à commettre le délit.

Les produits confisqués seront remis à la partie lesée, sans préjudice de plus amples dommages-intérêts et de l'affiche du jugement, s'il y a lieu.

Dans le cas d'acquittement, le tribunal statuera sur les dommages-intérêts qui seraient respectivement demandés, et il pourra ordonner la remise, à la partie lésée, de la totalité ou de partie des produits ci-dessus mentionnés.

Dans les cas, soit de [condamnation, soit d'acquittement, le jugement prescrira la destruction des marques reconnues contraires aux dispositions qui précèdent.

SECTION II. — *Juridictions.*

ART. 15. Les actions civiles, relatives aux marques de fabrique ou de commerce, seront portées devant les tribunaux de commerce.

Néanmoins, les contestations sur les marques de fabrique, qui, aux termes du titre II du décret du 20 février 1810, doivent être d'abord soumises au Conseil de prud'hommes, continueront à subir ce préliminaire de conciliation.

ART. 16. L'action pour l'application des peines prononcées par les articles 9, 10 et 11, sera portée devant le tribunal correctionnel.

Si le prévenu soulève, pour sa défense, des questions relatives à la propriété de la marque, le même tribunal statuera sur l'exception.

ART. 17. La partie lésée pourra, en vertu d'une ordonnance du président du tribunal de première instance, faire procéder, par tous huissiers, à la désignation et description détaillées, avec ou sans saisie, des objets prétendues marqués en contravention aux dispositions qui précèdent.

L'ordonnance sera rendue sur simple requête et sur la représentation du procès-verbal de dépôt, le cas échéant ; elle contiendra, s'il y a lieu, la nomination d'un expert pour aider l'huissier dans sa description.

Lorsque la saisie sera requise, ladite ordonnance pourra exiger du requérant un cautionnement qu'il sera tenu de consigner avant d'y faire procéder. Ce cautionnement sera toujours exigé de l'étranger qui requerra la saisie.

Il sera laissé copie au détenteur des objets décrits ou saisis, tant de l'ordonnance que de l'acte constatant le dépôt du cautionnement, le cas échéant ; le tout à peine de nullité et de dommages-intérêts contre l'huissier.

ART. 18. A défaut par le requérant de s'être pourvu, soit par la voie civile, soit par la voie correctionnelle, dans le délai de huitaine, outre un jour par cinq myriamètres de distance entre le lieu où se trouvent les objets décrits ou saisis et le domicile de la partie contre laquelle l'action doit être dirigée, la saisie ou description sera nulle de plein droit, sans préjudice des dommages-intérêts qui pourront être réclamés, s'il y a lieu, devant le tribunal de commerce.

TITRE III.

Dispositions relatives aux étrangers.

19. Les étrangers qui possèdent en France des établissements de commerce ou d'industrie jouiront, pour les produits de ces établissements, du bénéfice de la présente loi, en remplissant les formalités ci-dessus prescrites.

ART. 20. Les étrangers ne pourront invoquer le bénéfice des dispositions qui précèdent, pour les marques de leurs établissements de commerce ou d'industrie situés en France, qu'autant que la réciprocité aura été accordée aux Français par les lois de la nation à laquelle ces étrangers appartiennent.

ART. 21. Le dépôt des marques étrangères à effectuer en exécution de l'article précédent aura lieu exclusivement au greffe du tribunal de commerce du département de la Seine.

TITRE IV.

Dispositions générales.

ART. 22. Des ordonnances royales portant règlement d'administration publique prescriront les mesures nécessaires pour l'exécution de la présente loi, qui n'aura d'éfiet qu'à partir du 1er janvier 1846.

Seront abrogés, à dater de la même époque, toutes dispositions relatives aux marques de fabrique ou de commerce.

ART. 23. Il n'est rien innové en ce qui concerne les marques spéciales imposées pour la garantie publique, et notamment pour l'exécution des lois de douanes, les matières d'or et d'argent et les armes à feu.

N° 8.

TABLEAU

**DES VILLES OU LES CONSEILS DE PRUD'HOMMES SONT
ACTUELLEMENT CONSTITUÉS.**

ABBEVILLE, ordonnances des 19 mai et 11 juin 1819.

ALAIS, décret du 12 août 1811.

ALENÇON, décret du 28 avril 1813.

AMIENS, ordonnance du 26 octobre 1814.

AMPLEPLUIS, décret du 6 janvier 1811.

ARMENTIÈRES, ordonnance du 22 mai 1825.

AUBUSSON, ordonnance du 11 mai 1834.

AVIGNON, décret du 2 février 1808.

BAPAUME, ordonnance du 8 avril 1832.

BAR-LE-DUC, ordonnance des 29 novembre 1814, 26 février,
28 mars 1823.

BÉDARIEUX, ordonnance du 15 avril 1818.

BOLBEC, décret du 8 octobre 1813, et ordonnance du 12 décembre 1818.

CAEN, ordonnance du 21 août 1822.

CALAIS, ordonnance du 19 janvier 1825.

CAMBRAY, ordonnance du 21 septembre 1823.

CARCASSONNE, décret du 22 octobre 1808.

CASTRES, ordonnance des 16 avril et 10 mai 1823.

CATEAU (Nord), ordonnance du 18 juillet 1844.

CHALONS-SUR-MARNE, ordonnance du 9 mars 1826.

CHOLLET, ordonnance du 4 septembre 1826.

CLERMONT (Hérault), décret du 6 juillet 1806.

CONDÉ-SUR-NOIREAU, ordonnance du 9 janvier 1832.

DOUAI, ordonnance du 13 avril 1832.

ELBEUF, ordonnance du 21 avril 1819.

EVREUX, ordonnance du 2 février 1836.

LAVAL, ordonnance du 7 juin 1826.

LILLE, décret du 29 mai 1810, ordonn. du 3 sept. 1834.

LIMOGES, ordonnance du 3 mars 1825.

LIMOUX, décret du 15 octobre 1809.

LODEVE, décret du 22 juin 1810.

LOUVIERS, décret du 7 août 1810.

LYON, loi du 18 mars 1806, ordonn. des 15 janvier 1832, 21 juin 1833, et 21 décembre 1834.

MAMERS, ordonnance du 4 mai 1819.

MARSEILLE, décret du 7 septembre 1810, et ordonn. du 12 décembre 1818.

MAYENNE, ordonnance du 20 mai 1840.

METZ, ordonnance du 22 novembre 1826.

MULHOUSE, décret du 7 mai 1808, ordonn. des 9 janvier et 17 février 1821.

NANCY, ordonnance du 5 avril 1825.

NANTES, ordonnance du 31 juillet 1840.

NIMES, décret du 27 septembre 1807.

NIORT, ordonnance du 6 mai 1818.

ORANGE, ordonnance du 14 mai 1826.

ORLÉANS, décret du 12 avril 1811.

PARIS, ordonnance du 29 décembre 1844.

PÉRONNE, ordonnance du 15 juin 1829.

PRIVAS, ordonnance du 11 avril 1839.

PUY, ordonnance du 18 juin 1843.

REIMS, décret du 22 novembre 1809.

RÉTHEL, ordonnance du 2 février 1825.

ROUANNE, ordonnance du 23 mai 1843.

ROUBAIX, décret du 7 août 1810.

ROUEN, décret du 21 juin 1807, et ordonn. du 12 décembre 1818.

SAINT-CHAMONT, décret du 14 juillet 1811.

SAINT-ETIENNE, décret du 22 juin 1810.

SAINT-QUENTIN, décret du 21 décembre 1808.

SAINTE-MARIE-AUX-MINES, ordonnance du 10 août 1825.

SEDAN, décret du 23 août 1808.

STRASBOURG, décret du 17 mai 1813.

TARARE, décret du 22 décembre 1809.

THANN, ordonnance du 9 janvier 1821.

THIERS, décret du 19 août 1808.

TOURS, ordonnance du 3 juin 1818.

TROYES, décret du 7 mai 1808.

TURCOING, ordonnance du 4 juillet 1821.

VALENCIENNES, ordonnance du 3 mai 1835.

VIENNE, ordonnance des 26 mai, et 15 juin 1824.

VILLEFRANCHE, ordonnance du 1er mai 1832,

VIRE, ordonnance du 26 août 1814.

TABLE GÉNÉRALE

DES MATIÈRES.

ERRATA.

Page 23, 16e ligne de la note, au lieu de ces mots, articles 140 et 142 : *lisez*, articles 142 et 143.

— 58, à la suite, et à l'appui de la discussion qui tend à établir que c'est le chiffre de la *demande* et non celui de la *condamnation* qui fixe le droit d'appel des jugements des conseils de prud'hommes, nous avons oublié de citer un *arrêt important* de la Cour de cassation, en date du 10 janvier 1842. (Sirey, t. 42, 1, 235.)

CORPS DE DROIT COMMERCIAL FRANÇAIS,

Ou recueil méthodique des lois et autres actes et documents
formant le texte d'un Cours de droit commercial,
ouvrage servant à l'intelligence du Code de comm., dont il est le complément;
PAR M. THIERIET,
Professeur de droit commercial à la Faculté de Strasbourg.
1841. — Un vol. grand in-8°, à deux col. Prix : 10 fr.
Cet ouvrage est divisé en trois parties :
la 1re comprend la législation ancienne antérieure au Code;—la 2e, la législation du Code de commerce;—la 3e, la législation supplémentaire.

---

† CONCORDANCE
ENTRE LES CODES DE COMMERCE ÉTRANGERS
ET LE CODE DE COMMERCE FRANÇAIS,
Ouvrage exécuté sous les auspices du gouvernement du Roi,
Contenant les textes des Codes :

1° Français.	4° Portugais.	7° Prussien.
2° Espagnol.	5° de Wurtemberg.	8° Russe.
3° Hollandais.	6° Hongrois.	9° Ord. de Bilbao.

Et les Lois commerciales ou Codes de

Anhalt.	Etats de l'Eglise.	Iles Ioniennes.	Saxe.
Autriche.	Etats-Unis.	Lombardo-Vénitien.	Saxe-Weimar.
Bade.	Francfort.	Lubeck.	Suède.
Bavière.	Grande-Bretagne.	Malte.	Suisse.
Brésil.	Grèce.	Mecklembourg.	Toscane.
Brême.	Haïti.	Nassau.	Tunis.
Brunswick.	Hambourg.	Norwège.	Turquie.
Danemarck.	Hanovre.	Parme.	Valachie.
Deux-Siciles.	Hesse-Electorale.	Sardaigne.	

PAR M. ANTHOINE DE SAINT-JOSEPH,
Juge au Tribunal de 1re instance de la Seine.
1 beau vol. gr. in-4. 30 fr.

TRAITÉ DU CONTRAT DE COMMISSION,
Par DELAMARRE, docteur en droit, Conseiller en la Cour royale de Rennes,
LE POITVIN, Docteur en droit, Professeur à la Faculté de Droit de la même ville.
2 forts vol. in-8. — Prix : 19 fr.
L'œuvre que nous annonçons au public n'est pas une œuvre éphémère, un de
ces ouvrages qu'enfantent chaque jour l'ambition et la spéculation; c'est une

œuvre de conscience, de travail, de science, de postérité. A peine imprimée
elle a fixé l'attention des jurisconsultes de la France et de l'Allemagne.

M. Troplong en a fait l'objet d'un rapport à l'Académie des sciences morales
et politiques (*V.* séance du 11 juin 1842.—*Revue de législation,* juillet même
année).

Voici le jugement porté par M. Mittermaier :

« Il n'y a pas de doute que le Traité du contrat de commission surpasse tous
les autres. Je ne connais pas un ouvrage sur cette matière, si difficile et si importante, qui réunisse, comme ce livre, la richesse des matériaux, la profondeur
des principes, le développement si spirituel des questions les plus difficiles, la
clarté de l'analyse, et l'esprit de critique qui approfondit si bien les besoins et
les rapports du commerce. La science doit aux auteurs de grands progrès. »

MITTERMAIER, *Professeur à Heidelberg.*

Des mêmes auteurs :

TRAITÉ DES OBLIGATIONS CONVENTIONNELLES

EN MATIÈRE DE COMMERCE,

Faisant suite au *Traité du Contrat de commission.*—2 vol. in-8, 19 fr.

DICTIONNAIRE

DU CONTENTIEUX COMMERCIAL

Ou résumé de législation, de doctrine et de jurisprudence en matière de commerce ; suivi du texte annoté du nouveau Code de commerce,

Avec un SUPPLÉMENT contenant la législation et la jurisprudence jusqu'en
1845, notamment les nouvelles lois et ordonnances sur l'*Organisation des
Tribunaux de commerce,* sur les *Patentes,* les *Prud'hommes,* etc.,

Par L.-M. DEVILLENEUVE,

Continuateur du Recueil général de Sirey, Membre de la Légion d'Honneur,

Et par G. MASSÉ,

Avocat à la Cour royale de Paris.

2ᵉ édit. 1845.—1 fort vol in-8 gr. raisin.—Prix : 16 fr.

TRAITÉ GÉNÉRAL DES ASSURANCES,

Par M. Isidore ALAUZET,

Sous-Chef du Cabinet au Ministère de la Justice, auteur d'un ouvrage sur les Peines et le Système
pénitentiaire, couronné par l'Institut de France.

2 volumes in-8. — Prix : 15 francs.

Plusieurs ministères ont souscrit pour un nombre considérable de ce livre.

Nous ne rapporterons pas les nombreux articles que cet ouvrage a provo-
qués ; *le Droit, la Gazette des Tribunaux, le Moniteur* même, etc., ont
discuté le mérite de cette œuvre d'une étude profonde. Nous nous borne-
rons à rapporter une seule note que M. Dalloz a insérée dans son Recueil men-
suel. — *Extrait de la Jurisprudence générale du royaume,* 1ʳᵉ cahier de 1845.

« —Un succès académique a donné naissance à cet ouvrage, à cet excellent
Traité des Assurances de toutes espèces. *In vitium ducit culpæ fuga,* a dit
le poète. C'est le contraire qui est arrivé à M. Alauzet : un premier succès a
conduit à un succès nouveau : *possunt quia posse videntur.*

« Sous la plume de l'auteur, le mémoire académique a été restreint à la li-
mite de 300 pages dont la partie historique et économique remplit la moitié de

volume, dont la partie juridique a été depuis étendue, et occupe aujourd'hui
volume et demi. . . . .
La dissertation de M. Alauzet nous a jeté bien loin de son ouvrage, auquel
us nous empressons de revenir, pour dire qu'il forme le traité le plus utile et
plus complet que nous possédions sur les assurances en général, et que sa
ace est désormais marquée dans les bibliothèques des jurisconsultes. Il pa-
inutile d'ajouter que le traité est terminé par une table analytique des ma-
res, à laquelle l'auteur aurait pu, ce nous semble, donner un peu plus d'é-
due, afin de mettre davantage en lumière toutes les richesses de sa com-
ition. »

TRAITÉ DE LA CONTREFAÇON

Et de sa poursuite en justice,

ntenant les Marques de fabrique, les Noms de commerçants, les Désignations
de marchandises, les Enseignes, la Propriété littéraire, les Œuvres dramati-
ques, les Œuvres musicales, la Peinture, Gravure et Sculpture, les Dessins
de tous genres, etc., avec le texte des lois, décrets, arrêtés, ordonnances, etc.,
suivi d'une table alphabétique.

Par **ETIENNE BLANC**, avocat à la Cour royale de Paris.

1838. — 1 volume. in-8. Prix : 7 fr. 50.

DU MÊME AUTEUR,

L'Inventeur Breveté.

CODE DES INVENTIONS ET PERFECTIONNEMENS

1845. — 1 vol. in-8. Prix : 6 f.

DES TRIBUNAUX DE COMMERCE,

DES COMMERÇANTS ET DES ACTES DE COMMERCE,

CONTENANT : 1° L'organisation ancienne et actuelle des tribunaux de commerce et les réformes dont elle est susceptible ; 2° Un traité complet des droits
et devoirs des commerçants ; 3° les règles diverses concernant les actes de commerce ; 4° la compétence des tribunaux consulaires sur toutes les matières du
droit ; 5° la procédure suivie devant eux ; 6° l'indication de tous les arrêts et
de l'opinion des auteurs ; 7° un formulaire général des actes du ressort des
tribunaux de commerce ; 8° les textes de la législation, lois, décrets, ordonnances royales, avis du conseil d'Etat, arrêtés ministériels, etc., etc. ; 9° la
table des noms des auteurs et des ouvrages que l'on peut consulter sur ces
divers sujets, etc.

Par M. Louis NOUGUIER, avocat à la Cour royale de Paris.

3 volumes in-8. — Prix : 22 fr. 50.

EXTRAIT DE LA GAZETTE DES TRIBUNAUX DU 6 NOVEMBRE 1844.

« . . . . En résumé, le *traité des Tribunaux de
commerce, des Commerçants et des Actes de commerce*, dont nous venons de
rendre compte, est un de ces livres, si rares de nos jours, qui servent à l'explication de la loi, préparent sa révision, et dirigent le magistrat dans son application. Aussi M. Nouguier trouvera, nous en sommes convaincu, honneur autant
que profit dans ce monument qu'il vient d'élever à la science du droit. »

(MÉRILHOU, *Pair de France, Conseiller à la Cour de cassation.*)

www.ingramcontent.com/pod-product-compliance
Ingram Content Group UK Ltd.
Pitfield, Milton Keynes, MK11 3LW, UK
UKHW020825120726
13693UKWH00002B/471